ROMEON
VERLAG

Aussaat in den Wind
Vom Dingfestmachen des Flüchtigen – Ungereimtes gereimt

1. Auflage, erschienen 5-2022

Umschlaggestaltung: Romeon Verlag
Text: Walter Buchenau
Layout: Romeon Verlag

ISBN: 978-3-96229-362-8

www.romeon-verlag.de

Bibliografische Information der Deutschen Nationalbibliothek:
Die Deutsche Nationalbibliothek verzeichnet diese Publikation in der Deutschen Nationalbibliografie; detaillierte bibliografische Daten sind im Internet über *http://dnb.dnb.de* abrufbar.

Walter Buchenau

Aussaat in den Wind

Vom Dingfestmachen des Flüchtigen

Ungereimtes gereimt

Inhalt

Natur

Paradoxes

Partnerschaft

Santiago

Sein und Schein

Tages und Jahreszeiten

Tod und Leben

Vision

Von Sinn und Unsinn

Vom Wünschen

Von der Liebe

Vorwort

Gedichte sind wie Fußabdrücke im Schnee oder in Worte gefesselte Wellen auf einem See – oder auch die Kleider, die der Gewandmeister des großen Welttheaters uns immer wieder übergestülpt. Ich habe etwas davon abgestreift und aufs Papier geworfen. Dort klebt es nun und ich bin es los!

Denen, die auch solche Kleider tragen, welche vielleicht drücken oder jucken, könnten die nachfolgenden Seiten helfen sie ebenfalls abzulegen! Und wenn sie dann vor ihnen liegen, dürfen sie die alten Gewänder getrost zusammenschnüren und in die Altkleidersammlung geben. Nichts befreit mehr als eine Entrümpelung!

Seit Jahren helfe ich in meiner Praxis beim Schnüren solcher Pakete. Das Wegwerfen von alten Ballast nach getaner Arbeit lässt die Betreffenden und mich jedes Mal ein bisschen hüpfen!

Ich wünsche Ihnen einen leichten Gang und einen sicheren Blick, damit Sie mit geschärftem Durchblick das Glück erkennen und ergreifen, das überall herum liegt – wenn man nur zu schauen gelernt hat!

Ihr
Walter Buchenau

Walter Buchenau, Jahrgang 1941, hatte nach dem Abitur zunächst an der Wiener Hochschule für Musik und darstellende Kunst studiert, im Anschluss fünfzehn Jahre als Schauspieler und Regisseur gearbeitet, sich danach umorientiert und eine Ausbildung zum Heilpraktiker absolviert. Seit 1980 (bis heute 2022) arbeitet er in seiner eigenen Praxis in Mönchengladbach. Er war zweimal verheiratet, hat drei erwachsene Kinder und machte sich 2015, nachdem der jüngste Sohn aus dem Haus war, auf den Weg nach Santiago de Compostela. Auf der Pilgerfahrt entstand der Plan zu seinem ersten Buch, (Santiago einfach, bitte) ein Reisebericht, mitdurchsetzt mit Gedanken, Gedichten und Selbstgesprächen auf den langen einsamen Wegstrecken des Camino. Es folgten ein Band mit fantasiereichen Kurzgeschichten, (Der Trockenregen) und ein Roman über einen Komapatienten und seine erstaunliche Rückkehr ins Leben (Verstellte Wegzeichen). In all den Jahren enstanden immer wieder Gedichte. Mit einer Auswahl aus den letzten zehn Jahren stellt er sie nun erstmalig im vorliegenden Buch vor.

Abschied

Abschied

Abschied

13.6.2014

Es friert mir das Herz ein,
wo die Gedanken doch mit dir jubeln sollten,
weil dich die Tore des Lebens aufsaugen
und weite Welten dir Wunder versprechen,
obwohl der Platz hier ziemlich leer sein wird,
neunzehn Jahre sind eine lange Zeit.

Geh hinaus in die Welt,
wie wir alle gegangen sind
ich möchte Moos
unter deine Füße legen und
deine Stirn mit der Hand begleiten,
wo du ab jetzt doch alleine
deine Straße gehen
und stolpern, fallen
und dich wieder aufrichten musst
und deine Kraft und den Stolz fühlen
und erleben, was und wer du bist!

Geh mein Sohn!
Der Jubel über deinen Anfang läutet die Glocken
und übertönt meine belegte Stimme.
Aber wohin du auch gehst,
werden deine Wege immer auch die meinen sein
und dein Erfolg auch meine Freude und mein Glück,
Weil du bei mir immer Wohnrecht hast und Heimat,
egal, wohin es dich ohne mich auch treibt.

Entwicklung.

4.6.2015 (Fronleichnam, Spaziergang Schmölderpark - Wickrather Wald)

Plötzlich war es da,
das kleine, großes Wunder!
Dann noch ein Zweites! Und ich dachte;
Wenn sie erst mal Mama sagen können ...
und freute mich.
Oder vor uns herspringen!
Wenn sie erst mal in die Schule …
ob sie Mathe mögen?
Oder Verse schreiben?
Oder keines von beiden …
Der erste Freund, die erste Freundin,
erste Tränen, Schul-Abschlussball,
… und alles schon vorbei,
die ganze Welt nicht weit genug
für ihre Entdeckerlust!

Noch immer sage ich:
wenn sie erst einmal …
Und mein Ruderboot schwimmt ihnen
ein bisschen ziellos hinterher,
ab und an mit launischem Rückenwind
einer Nachricht aus Brisbane
oder aus L. A., wo sie gerade sind.
Und ich sage;
wenn sie dann einmal … wo sind? Oder was sind?
Und es hört nie auf!
Das ist das Schöne!

Ein Teil von Dir

16.10.2017

Die Tage, die Liebe, die Kinder gehen
und nehmen mit sich von dir einen Teil,
dass du dir selber fast fremd erscheinst.
Du bleibst zurück und sichtest derweil,
was du noch zu besitzen vermeinst.
Es wird auch schlechter mit Laufen und Sehen.

Erinnerung flattert zuweilen vorbei
und will zu der alten Mucke noch tanzen.
Den Füßen ist das höchst einerlei,
die stehen regungslos neben dem Ganzen.

Der Himmel legt graue Tarnfarbe auf
und was von dort oben herunterscheint,
ist nur ein Leuchtmittel – Fehleinkauf,
der Helligkeit sagt, aber Dämmerung meint.

Auch Hören geht anders als noch zuvor:
du achtest darauf, was die Stille spricht,
was Eichen flüstern im Wipfelchor
und fallende Blätter im schrägen Licht.

Vielleicht vernimmst du noch den Monolog
der einsamen Tanne im Buchenwald,
wenn das Vergehen im herbstlichen Sog
mit Baumsägelärm durch die Stämme hallt.

Gelegentlich schmeckst du auch vom alten Wein,
du träumst von Lachen und Sonnenschein
und hoffst, es könnte wie früher sein,
– nur der Rausch von – wann? – stellt sich nicht mehr ein!

Flugzeit.

19.-20.10.2016

Seine Füße tragen mit Trippelschritten
die abgewetzte Hülle von gestern.
Geräusche träufeln auf Watte ins Ohr,
erinnern an Lumpiges wie Lust seiner Reise,
tiefer zieht es die Schultern
und steiler steigt stetig der Weg.

Aus verwelkten Sommertagen glimmen
die Glutnester alten Feuers ins Dämmer.
Rabenvögeln versammeln sich
mit zerfledderten Schwingen,
um die Masten dessen, was er einmal war,
bekrächzen den Niedergang.
Sein Blick findet nur noch
mit Mühe jene Wegweiser,
die längst nicht mehr gültig sind,
Überkommene Nachrichten lasten auf seinen Lidern.

Verwunderlich, dass es noch schlägt
und pocht hinter den Rippen!
Kann es nicht abwarten auszufliegen,
Noahs Taube, wenn das letzte Tor sich öffnet?
Friedenstauben sollen ja, so heißt es,
in jenem Land ihren eigenen Schlag haben.
Wenigsten wäre das ein Ziel.

Epilog für einen Freund

23.7.2015 (Für Ulrich C.)

Nein! Einfach warst du nicht!
Und du konntest übelnehmen,
auch mit vollen Scheffeln austeilen,
ohne auf den Messstrich zu achten!

Was haben wir gestritten!
Und es genossen
unter Gleichen die Klingen zu kreuzen!
Weil wir uns ähnlich waren,
trotz verschiedener Kostüme
und auch gelegentlich Abstand brauchten
von dem nervenden Spiegelbild.

Wer zeigt mir jetzt
die Schwachstellen an meinem Harnisch
und den diskreten Rostansatz?
Oder entführt mich unerwartet
in die Steinzeithöhlen seiner Bilderwelt?

Ich werde mich daran gewöhnen müssen
wieder mein eigener Beckmesser zu sein
und alleine meine Bilder zu malen,
nicht mit dem Pinsel wie du,
sondern mit Syntax und Wort,
die dir eher fremd waren.

Sie werden sich ebenfalls
an dich gewöhnen müssen,
dort wo du jetzt bist,
und es hoffentlich auch genießen!
So wie ich es genossen habe,
als du noch hier warst.

Flieg meine Seele

9.2.2015 (Annes Abreise, 8.2.2015 nach Australien.)

Flieg, meine Seele, flieg,
in die Welt hinein, flieg:
fern nach down under,
ums Kap der guten Hoffnung,
das des Nordens oder Kap Horn,
und hoffe auf Sieg,
getragen vom leichtesten aller Stoffe.
dem Kopf entsprungen,
es drängt dich nach vorn.
Hoffe! Schließe nie ab!
Mit tausend Ideen, trab-trab,
von gestern ins Morgen-Land, –
lass dir den Schatz in der Hand,
von den Krämern niemals abhandeln,
den Besserwissern, notorisch negativ,
nie in gelehrte Makulatur verwandeln.
Erforsche die Meere tief,
die Dschungel und Wüsten,
den Kosmos draußen, den kleinen in dir.

Und klopft einmal später
Winter an die Tür,
wenn du die Fässer alle mit Wein
von den Hängen der Abenteuer aufgefüllt hast,
dann begrüße freundlich den unabweisbaren Gast.
Wenn's dich fernen Tags
zur Erde hin drängt, die dich hervorgebracht hat,
auf der alle stehen,
wirst du den Wein auch versickern sehen.
Selbst dann, wenn die Äste
voll Frucht zur Erde sich biegen,
und wenn es das Letzte wäre,
– selbst dann lass deine Seele
immer noch fliegen!

In der Sekunde

Eli, 24.11.2020

In der Sekunde:
tickt die Uhr zu laut vielleicht,
werden tausende geboren oder sterben,
hat ein Mensch sein allerhöchstes Glück erreicht,
wird er eine Welt von seinen Ahnen erben,

schreiben hinter den verschlossenen Augenlidern
schwarze Punkte einen rätselhaften Code,
beugt dein Schicksal aus der Ewigkeit sich nieder,
und bringt Hoffnungen und Pläne aus dem Lot,

rasen die Planeten um unser Zentralgestirn,
füttert eine Mutter ihrem Baby Brei,
zieht die Liebe einem Jüngling durch' Gehirn,
in der Sekunde ist dein Leben …t schon vorbei.

Jochen (Tod eines Schulfreundes)

11.5.2014

Wie viele Tage sind ein Leben,
wie viele Träume eine Welt?
Wer hat uns die Zeit gegeben,
wer hat dich jetzt einbestellt?

Da sein, wenn die anderen gehen,
trotz Entfernung niemals fort,
ohne Fragen sich verstehen,
alles sagen ohne Wort.

Keine Klage! – Niemand trennt,
was die Fügung je vereint,
keine Zeit, die dies verbrennt!
Sag: Ich hatte einen Freund!

Mein großer Bruder

31.5.2015

Warum gehen Lichter aus?
Warum bist du fortgegangen?
Warst zu lange außer Haus,
Gott hat dich wieder eingefangen?!

Warum macht ein Schatten kalt,
wird nicht blass nach all der Zeit?
Du warst Kind, noch gar nicht alt.
Was sagt man, wenn das Käuzchen schreit?

Warum ist ein Berg so hoch,
dass ich ihn nicht besteigen will?
Warum klingt dies Schlaflied noch
so rau im Ohr und macht mich still?

Mutter hat es dir gesungen:
»Guten Abend, gute Nacht …«
Und dann war das Lied verklungen. –
Du bist nicht mehr aufgewacht.

Scheidungstermin

31.7. 2017

Es wird schon leerer um uns her,
wir stehen am Rande vom großen Loch
und rackern weiter. – So wird 's auch bleiben.
Was einmal war, bewegt immer noch
quantenverschränkt im Zeitenmeer,
egal wohin uns die Wogen auch treiben.

Sie schauen herunter von irgendwo,
ein himmlisches Panoptikum
von Namen, Herkunft und von Rang.
Nichts Hiesiges trieb sie jemals hier um.
nur wir – zur Belustigung oder so
halten das Hamsterrad noch in Gang.

Wenn einer dann geht – was soll schon sein?
An seinem Verlust wird keiner verzweifeln.
Den Gang der Sterne wird's auch nicht halten.
Man stelle sich daher gefälligst drauf ein,
den dürftigen Rest seiner Daseinszeit
mit gehörigem Anstand zu gestalten.

Unbekannt

29.2.2016

Wo bist du hin,
du mit den Sternenaugen?
Die Almenwiesen blühten
damals im jungen Mai;
ich wollte das Blaue
vom Himmel saugen,
Traumschlösser errichten
in den Falten des Einerlei,

die Tiefen erfühlen,
woraus die Mirakel erblühen,
für dich Gedankengipfel
ersinnen, erbauen,
des Morgens wie Abends
sollten sie glühen
um die Wunder des Lebens
mit dir zu schauen.

Wo bist du hin –
die Almen gemäht,
verdorrt das Versprechen:
der Tag kommt zu spät.
Von den Dächern bloß
pfeifen die Spatzen es schon:
die Gier hat einen
unfruchtbaren Schoß,
Wer die Liebe beleidigt,
verwirkt seinen Lohn.

… weil es eine Scheiße ist

26.6.2014

… weil es eine Scheiße ist mit dem Abschiednehmen!
Auch wenn du dir dutzende Mal gesagt hast,
dass es richtig ist und so sein muss
und alles andere verkehrt wäre,
bleibt es trotzdem eine Scheiße,
weil ein Stück von dir einfach weg ist, wieder mal,
und wie viele Stücke hast du denn noch
und es ein Wunder ist, dass du überhaupt noch da bist
und kein Schweizer Käse mit lauter Löchern drin, nach alledem!
Und wenn sie dich trösten wollen,
denn morgen wäre ja auch noch ein Tag
und von wegen Sonne aufgehen und so
und alles wieder anders aussehen,
dann geht dir das trotzdem am Arsch vorbei,
weil du doch ganz alleine durch den Sumpf musst,
wenn du bis zum Hals drinsteckst, – wieder mal.
Und du dir doch felsenfest vorgenommen hattest,
dass du das n i e wieder erleben willst!
Und aufgepasst und dich zurückgehalten
bevor du dich wieder zu tief einlässt!
Und dann ist es wieder passiert …
Und a l l e s wieder mal w i e g e h a b t!!
Und der hinterlistige Bastard von Schicksal
hat das nächste Mal sicher auch schon vorbereitet!
– Und trotzdem, wenn du das alles weißt,
hättest du das andere wirklich missen wollen??

Gefühl

Weihnachtsmarkt

9.12.2014

»Haste mal ’n Euro für was zu essen?«
Ein Penner, ein Junkie, der kann mich mal. –
Jetzt hab ich den Chateauneuf vergessen,
muss noch mal retour, mit bleibt keine Wahl!

Dies’ Weihnachtsgenöhle … »Heeeeiiiligeee Naaacht …«
Die Unicef-Karten sind viel zu teuer …
Was die mit Glühwein für ’n Umsatz macht …!
Und wie der parkt!! – Ach ja – Frau am Steuer!!

Für Ebola-Waisen soll ich jetzt spenden!
Was hat das mit Weihnachtsmarkt zu tun??
Und wofür sonst noch?! Wo soll das enden?
Diese Mitleids-Masche macht nur immun.

Schau!! Eine Krippe!! Die hatten wir auch!
Damals! – Da wird mir ganz wunderlich!
– Und heute füllt man sich nur noch den Bauch.
Ich auch!! – Ist das wahr?? – Bin das wirklich noch ich?

Ich geb’ jetzt dem Penner ’n Heiermann!
Soll sich die arme Sau doch betrinken!
– Schon komisch: Das Geben fühlt sich gut an.
Frage mich, könnte ich auch so tief sinken?

Die Wut

(Im Zug von Hamburg) 26.5.2019

Meistens tut die Wut
nicht gut,
schießt als böse Flut
durchs Blut.

Wenn sie dann die Hand
schließlich fand,
klatscht sie aus dem Stand
jemand an die Wand.

Dreht der dann – wie dumm –
den Spieß um,
– was kommt dabei rum? –
Klinikum!

Dummheit geht ja meist
auf den Geist!
Auch wenn sie dich auch beißt,
dass du schreist,

sag der Wut nur: Sitz!
Greller als ein Blitz
triff die Dummheit spitz
über sie: Ein Witz!

Einsamkeit.

14.3.2021

Als ob die Feuer Frost erzeugten
und fressen doch die Seele auf.
Ideen, die große Denker säugten,
werden feil im Schlussverkauf.

Gefühle haben Inflation,
im Dutzend billiger im Net,
Dauer-Gelaber am Mikrophon,
doch Likes machen keine Liebe wett.

Ein smarter Schirm als Gegenüber,
weil abschaltbar, – wie opportun! –
– bewahrt den Freak vor Empathie,

und Instagram streut straight darüber
Meinungsklischees, modisch, kattun.
– Die Einsamkeit tangiert das nie.

Es graut

10.11.2018

Graue Schwaden
ziehen durch Mauern und Türen,
kleben an Wänden und Händen,
durchscheinend, ohne Gestalt.
Sie beißen Löcher in meine Hülle,
spielen auf mir Flöte,
dass die Eingeweide heulen.
Trollt euch!
Ich habe euch nicht bestellt!

Was ist es, das uns verloren ging,
was laugte es aus,
das bisschen Leben?
Es graut am Himmel,
aber nicht zum Morgen hin.

Eine Stubenfliege ist etwas.
Und sie ist da – das andere nicht.
Stubenfliegen kann man fangen.
Für das Graue gibt es keinen Kescher.

Es schleicht ein Tier

19.5.2016

Es schleicht ein Tier durch das satte Land,
genährt und gefüttert von vielerlei Hand,
und frisst das Fleisch und frisst das Brot
und beißt die arglosen Schafe tot.

Es kann nicht fliegen, kann nur krauchen,
doch mit der Angst in die Augen tauchen
und wird bei alle dem, was es frisst,
gefräßiger immer noch, als es schon ist.

Es kohlt uns mit seinen Lügen an,
dass man das Glück selbst festnageln kann,
und dafür böte allein die Gewähr:
der Besitz von mehr und immer noch mehr.

Und trägt einen Harnisch gegen die Güte,
erstickt ihre Saat und köpft ihre Blüte.
Sein Fressen dient nicht den Hunger zu stillen,
es frisst nurmehr um des Fressens willen.

Versänke auch alle Welt im Alb,
es tanzt mit der Macht um das goldene Kalb.
so pflanzte es sich fort, dieses tierische Tier,
und hat einen Namen. Und der heißt: Gier.

Freunde und die alten Lieder

16.11.2016 (Hannes Wader im Kunstwerk Wickrath)

Freunde und die alten Lieder!
Du erkennst den gleichen Scheiß,
den kein Schwein zu ändern weiß,
ganz genau wie damals wieder!

»Sag mir, wo die Blumen blühn« –
und was ist daraus geworden?
Heute seh' ich braune Horden
wieder durch die Straßen ziehn!

Besoffen von der ›Marseillaise‹
und der ›Internationalen‹
schrien wir uns vor Kriegermalen
heiser gegen Denk – Malaise!

Hatten Wut und Mut im Bauch,
sahen uns am Morgen schon
einer Weltrevolution,
und des Friedens Frühlingshauch!

Nur das Fühlen ist geblieben.
Und die Freunde auch, zum Glück!
Leben ist kein Zauberstück!
– Lasst uns trotzdem weiter lieben!

Harmonie

10.-14.5.2014

Eng an Ziegelsteine angeschmiegt,
sternenäugig die Clematisranken;
eine Hummel, die nach Honig fliegt;
Brennholzstapel an den Mauerflanken.

Die Sonnenuhr fängt meine Stunden ein,–
(oder sie tut's nicht, wenn Wolken dreuen!)
Die Zeit lässt Zeit gefühlt in Frieden sein;
drüben fährt ein Bauer aus zum Heuen.

Über dem Scheitel schwebt die stille Stille,
ich muss gar nichts planen, tun, bedenken
königlich regiert ein großer Wille,
und will Harmonie und Frieden schenken.

Heilbar

16.7.2019

Warum heilen Wunden schlecht?
Du bist jener Mensch nicht mehr,
lange schon, wem häng' ich nach?
Nur der Duft, mehr schlecht als recht,
von Aufbruch und von Wiederkehr
schwebt noch unterm alten Dach.

Rund um die Beete wird es kalt.
Du hast die Rosen ausgerissen,
pflanztest sie einst eigenhändig.
Ist mein Garten gleichwohl alt,
möchte ich ihn nie vermissen.
denn ich pflege ihn beständig.

Es wär's die Mühe wert gewesen,
und spendete die Freude noch,
dass dieser Traum uns nicht verdarb.
Doch du hast seinen Sinn vergessen,
der Luftballon verfing sich hoch
in einem dürren Baum und starb.

So wandere ich fortan aufs Neue,
die Füße fühlen immerzu
die harten Kiesel, den Morast,
und halten trotzdem mir die Treue.
Nur du gehörst nicht mehr dazu,
weil du den Traum gestohlen hast.

Kein Ausblick

8.12.2020 (Erster Spaziergang alleine nach dem Infarkt)

Ich drehe schon alleine meine Runde,
der Tag ist kurz, ich habe nicht viel Zeit,
an Höfen bellen pflichtschuldigst die Hunde
und fragen gar nicht: Ist er schon so weit?

Die Füße tragen mich ganz ohne Murren,
von langen Märschen sind sie es gewohnt,
nur dass die Herzklappen noch etwas surren.
Freund Hein hat mich für dieses Mal verschont.

Ich blicke nicht nach rechts und links beim Gehen
auf meiner Wanderung durch die Natur,
und Beine denken eben nicht an morgen!

Denen, die mich liebevoll umsorgen,
danke ich von ganzem Herzen nur!
Und wie es weiter geht – wir werden sehen!

Not

29.9.2016

Die Krempe des Hutes deckt die Augen,
So Vieles gab's für sie aufzusaugen
über die Jahre und Maßen und mehr,
die Lider wurden dabei schwer.
Er steht am Weg, die gebeugte Gestalt
sagt dir: Verzeih! So ist es halt,
habe um Mitleid hier anzustehen.
Was ist als größerer Preis anzusehen:
Der Obolus aus meinem Überfluss
um den die Bedürftigkeit bitten muss?
Der Stolz, den er der Not bezahlt?
Die Armut gibt der Seele nicht Halt.
Ein Nicken, ein gemurmeltes Wort
er steckt die kleine Münze fort.
Den Augen ist es einerlei.
Ich bin beschämt, gehe schnell vorbei.

Laterne

12.11.2014

»Laterne, Laterne …« die Lampion-Stafette
leuchtet mit Kinderaugen um die Wette,
Die Feuerwehr bläst ihre Backen auf,
Es marschiert erneut der Bläserchor,
ein langes Jahr kommt mir wie gestern vor.

Der fremde Flecken gibt sich mir vertraut
und wärmt mich auf, das leise Frösteln taut
nicht nur der Glühwein tut's von irgendwem
Er will im Dunkeln meine Blicke schärfen.
Mein Schiffchen, scheint es, möchte Anker werfen!
– Dass es noch einen hat, nach alledem?

Man grüßt sich zwischen Feld und Wiesen hier,
wie damals, zwischen den Kartoffelfluren,
als »daheim« nicht nur Vokabel war,
wir dort geduldet in der Dörfler-Schar.
Und jetzt das hier! Nach all den Prozeduren
woanders Fuß zu fassen, Heim und Haus,
irgendwo. – Doch es ging nur kläglich aus.
»Ad acta« hatte ich gedacht bei mir.

Nun brennt ein Feuer, hoch zu Ross ein Reiter
teilt mit dem Bettler den Mantel, symbolisch.
Es steigt der Druck im Blut, nicht nur systolisch!
Die traulichen Gefühle und so weiter,
die man nicht so recht gebrauchen kann,
schleichen sich von rückwärts, heimlich an,
Die Luft riecht bitter, will Besitz ergreifen
die Flammen lodern, flackern und verschwelen,
Lichter, die rundum Gesichter streifen,
und die Lächeln aus dem Dunklen schälen …
Ist das die neue Koppel auf meinem Ritt?
Heimat? Man ist wohl niemals durch damit!

Nackt

8.4.2018

Wenn ich nun alle Kleider ablege,
alles Fremde, was nicht ich ist,
wie tief greift die Entkleidung,
wie nackt kann ich sein?
Lege ich Vergangenes mit ab,
das Erbe von Eltern und Ahnen?
Den Straßendreck des Wegs?
Was ist mit der Bildergalerie
meines Konterfeis hinter fremden Augenlidern?
Bleibt die dort?
Kleben an mir nicht
Schnörkel oder Müll von anderen?
Oder meine Irrwege von vor-vorgestern?
Wie unbedeckt, bloß und wahr
kann eine Lebenszeit sein,
beseelt vom viel beschworenen Geist der Zeit?
Wo ist der Kern, das A-Tom, das Unteilbare,
die Idee von meinem Selbst in ihrer Essenz?
Werde ich sie zuletzt beim Aufgehen
in eine andere Wirklichkeit finden?
Oder ertönt dort drüben der gleiche Schrei
nach Wahrheit und ihrem Erschaffer?
– Doch der schweigt!

Ich denke,
ich muss Weisheit lesen lernen
aus den Staubgefäßen eines Gänseblümchens
oder dem Fühlerwinken der gefleckten Schildwanze,
Erkenntnis beziehen
aus den Formationen der Zirruswolken,
wenn sie weiß den Himmel beflocken.
Und wenn du mir sagst: »Du bist verrückt«
– dann sollst du recht haben!
Dann lass mich einfach dort
bei den Verrückten oder Entrückten!
Oder kennst du eine bessere Alternative?

Nur etwas Mut.

25.1.2016

Wie war das noch?

Lass die Schatten kriechen, und du kriechst bald mit,
guck dir Übles an, dann packt es dich im Schritt!
Denn so ist es: Gleich und Gleich gesellt sich gern;
du wirst mitgefangen, hältst du dich nicht fern.

Nur nichts Neues, denkst du, bleib in deinem Mief,
denn wer allzu viel bedenkt, der liegt oft schief.
Doch auf Altes lässt sich wenig Neues reimen.
Lass doch endlich deine Fantasien keimen!

Sollte man nicht noch ein Apfelbäumchen pflanzen
und am Vorabend des Unterganges tanzen?
Du wirst seh‘n: an solchen Bäumen reifen dir
trotz der Kassandra-Rufe reichlich Äpfel hier!

Das Denken steckt nun mal im Kopf, so sieht es aus.
Denkt einer mit dem Bauch, dann kommt nur Braunes raus!!
Knipst das Licht an in den Birnen, macht sie helle!
Und habt nur etwas Mut! Dann kommt ihr von der Stelle!

So ist es doch!

Osterhymnus.

15.-16.4.2017

Aloha mein Leben!
Aloha hey Tod!
Die über den Wassern schweben,
halten den Himmel im Lot.

Zu wagen, wo alle versinken,
braucht einen besonderen Mut,
lasst uns den Nektar trinken:
Alles, was ist, ist gut!

Aloha Tod! Aloha hey Leben!
Es ist in jeder Not
verlässlich doch Hoffnung gegeben!
Sie glüht auch im Abendrot!

Lasst uns zum zeit- und endlosen Liede
voller Hingabe nochmals tanzen!
Wäre uns jetzt das Ende beschieden,
so ist es geborgen im Ganzen!

Aloha Frieden! Aloha Licht!
Nichts wird die feste Burg niederreißen:
Das Alles vergisst sein Versprechen nicht:
Das Vergehen soll Neuerstehen heißen!

Prüfung

Juli 2015

Wer hat dich so verstellt,
dass du den schwarzen Reiter
in deinem Nacken duldest?
Warum fließt jeder warme Strom
erschaudernd rasch an dir vorbei?
Die Begierde lässt an deinem
Stamme Stacheln wachsen
und ein Panzer umschließt
gnadenlos den Leib.
Würdest du's verstehen,
dass ich um dich weine?
Kannst du freundliche Signale
auf der Reise über schwarze Meere
überhaupt empfangen?
Dein Kompass ist standfest
auf Edelmetall eingenordet.
Wen wundert's, dass daran
das ewig Wunderbare,
dass die Liebe Schaden nimmt?
Segnen, wo ich keinen Hass empfinde
und das Unverständliche schultern
ist die Prüfung hier.
Missachtung und Verleugnung
bestätigen es nur.
Dies ist der Weg!

Sehnsucht

7.4.2020

Was heult in den Ohren und ist doch kein Wolf.
Was beißt im Bauch, das kein Essen verjagt
im Nordmeer und am bengalischen Golf,
wo immer es auch dem Leben behagt?
Was will ich fassen und hat keinen Griff?

Sie sagen, es seien die Neurotransmitter,
und damit ginge die Umsicht verloren.
Gehorchen Neuronen denn ihrem Pfiff?
Folgt denn das Wollen dem Wolkenschiff?
Gelehrsamkeit ist ein dummer Zwitter,
hat seine Trauben zu Essig vergoren.

Wohin wird's mich treiben? Wer über mir walten?
Kann ich den inneren Antrieb je bannen?
Was nach dem Planen noch übrig bleibt
und keine Voraussicht wirklich vertreibt,
ist die Sehnsucht! – Sie muss sich entfalten!
Nur Trostlose enden so wie sie begannen.

Trost

23.11.2014

Was treibt dich um, du Herz, du Geist?
Ist es die Angst allein zu sein?
Die Furcht, weil du vom Ende weißt?
Und was stellt sich im Anschluss ein?

War das Bemühen hier genug?
Hat dich der Mut zu oft verlassen,
beherrscht von Kleinmut, von Betrug
und solltest du dich dafür hassen?

Du wolltest nur den Weg des Kriegers
und aufrecht durch das Schwere gehen,
es winkte dir kein Lohn des Siegers,
weder Achtung, noch Verstehen.

Gib dich zufrieden. Du bist hier:
Wir können nicht vollkommen sein.
In unserem dürftigen Quartier
auf dieser Welt sind wir allein.

Ein Trost steht doch zuletzt bereit:
Dich hat die Liebe hier geboren!
Fühlst du dich auch von ihr entzweit,
die Liebe geht niemals verloren!

Trübsal

5.2.2015

Die Bäume warten kahl am Straßenrand,
als wollten sie mal ganz woanders hin;
das Straßenamt hat sie dorthin verbannt,
und nun ist nichts als Dastehen für sie drin.

Die Wolken hängen am Himmel voll Überdruss,
denn Liegen schickt sich nicht in ihren Kreisen,
nennen sich Zirrus, Stratus oder Kumulus,
und haben keine Ahnung wohin sie verreisen.

Der Wind heult kläglich, denn das geht nicht stumm –
und will der Trübsal Reverenz entbieten.
Die merkt es nicht einmal in ihrem Dschum.
denn Gefühlen lässt sich nicht gebieten.

Die Zeit scheint mit dem Atmen aufzuhören,
und jeden Rest von Leben wegzuräumen.–
Doch kann kein Trübsalblasen dabei stören,
mich in den Frühling einfach wegzuträumen!

Vergessen

16.6.2014

Kann man das Vergessen lernen,
oder geschieht es einfach so?
Lebt das, was war, hinfort in fernen
Sehnsuchts-Ländern irgendwo?

Ist dir die Liebe eine Plage
und fällt dich an auch ohne Treue?
Rächen sich die kurzen Tage
dieses Rausches dann mit Reue?

Wird – einmal missbraucht – Vertrauen
niemals mehr in dir gesund,
kann es deinen Weg verbauen,
geht dein Herz daran zugrund'?

Schau, du wirst auch das vergessen!
Und du sollst lieben, rückhaltlos,
nehmen, was dir zugemessen,
denn die Liebe ist zu groß!

Von der Schicklichkeit

30.8.2021

Hey, Alter, hab' dich nur nicht so!
Es gibt bei Weitem Bessere als dich!
Und jeder von denen trägt auch irgendwo
seinen verborgenen Buckel in sich!

Du hast deinen Teil hier abbekommen,
das, was dir zusteht als Erdengast,
Das Schicksal hat dir nichts genommen,
was du nicht mit verursacht hast.

Es fehlt dir die Liebe, so sagst du mir.
Das sei ein Grund sich heute zu grämen.
Du birgst sie doch immer noch in dir,
und keiner kann sie dir jemals nehmen!

Schaust du nun von dem erhöhten Platz
der Zeit auf deinen Lauf zurück,
erblickst du von dort einen ganzen Schatz
voll bunten Lebens und voll Glück!

Du, anspruchsvolles, mein altes Ich,
willst trotzdem Forderungen erheben?
Ist das denn schicklich, frage ich dich?
Morgen schon – ist vielleicht Schluss mit dem Leben.

Was ich liebe!

18.12.2016

Meine Kinder, Frauen, ein Glas Wein,
und wenn er mich anschnurrt, unser Kater,
Nebel, Kopfweiden am Niederrhein,
Ballett, Konzerte, überhaupt Theater,

Opern, die zum Beispiel von Rossini
und von Mozart, ja, den Figaro!
Die Terzenseligkeiten bei Puccini,
und Beethoven, den lieb' ich sowieso.

Ich liebe meine Sprache, den Gesang,
besonders Frauenstimmen im Duett
und die Natur in ihrem Überschwang:
Die macht kein Menschenbauwerk wett!

Ich liebe es, von dir berührt zu werden,
liebe Träume, die Farbe: Violett,
aber keine dauernden Beschwerden!
Und ich liege gern bei dir im Bett!

Geheimnisse haben, eines erkunden,
in Ruhe zu lassen, gelassen zu sein,
mit Freunden diskutieren über Stunden.
Und die Bergwelten im Sonnenschein!

Ich mag Schokolade, mag die Freiheit,
Geschwindigkeit, selbst wenn du dabei motzt,
mag bei anderen die Nahbarkeit
und Freundschaft, die dem Sturm und Wetter trotzt.

Ich liebe Wolken und den Wind am Meer,
das Schreiben, – manches Mal, da reimt es sich, –
mag Marmelade, Him- Johannisbeer',
und vor allen Dingen mag ich dich!

Weißt du noch …

21.5.2017

Ein »Weißt-du-noch …?«
und es erstehen vor den Augen Gärten,
wo meine Kinder bunt gekleidet
durch die Sträucher streifen.

Weißt-du-noch –
und es berührt mich endlich jener Kuss,
den du mir damals vor der Tür versagtest,
keimen aufgesparte Wünsche,
die ich lange untergepflügt glaubte
auf den Äckern, die nicht mehr die meinen sind.

Es kräht aus einem Kinderbettchen
und packt die Seele an,
um sie nie mehr loszulassen!
Die eingemottete Gemeinsamkeit
im Sackleinen von Alltäglichkeit
eröffnet neu die Augen.
Sie lebte wohl in parallelen Universen fort.
Ich sehe sie sich häuten und jung wie je zuvor
als Schmetterling heraus aus dem Verlies gaukeln.

Gastmahl halten mit dem von gestern,
der anheimelnde Geruch, die Vespermusik,
mein Bruder spielt die Geige,
für die Gestalten meiner Ahnengalerie.
Zuweilen falle ich mir selber in den Arm,
um den Pokal voll Seligkeit nicht zu verschütten.
Die Zeit schaut aus verklärten Augen zu
und sie sagt mir: »Weißt du noch ……!«

Menschen

Menschen

Annäherung an ein Leben

Eli-Krankenhaus, 27.11.2020

Er war kein Wilder, keiner von den Lauten,
lieber behielt er sein Gefühl in sich.
Wenn andere sich vor dem Alleinsein grauten,
genoss er dessen Frieden innerlich.

Unsachlichkeit, das war es, was ihn störte.
Viel Aufhebens um sich war nicht sein Ding,
auch wenn das Klappern zum Geschäft gehörte,
gab es kein Schmeicheln, das bei ihm verfing.

Doch Schönheit liebte er und Harmonie
und dabei ging's ihm absolut nicht ein:
dies kleine Bisschen mehr an Akribie
für Schönes könnte überflüssig sein!

Er lebte gern und nahm es, wie es kam,
er trat auch gern für andere zurück.
Und selten, dass er etwas übel nahm.
In kleinen Dingen fand er schon sein Glück.

Doch keiner sollte ihn als ›schwach‹ missdeuten!
Für Freiheit, die ihm wirklich wichtig war,
konnte er, wenn nötig, heftig streiten.
Und manche fanden das dann sonderbar.

Als er dann wegging, war's wie aus Versehen.
»Da stand er,« sagten sie, »doch eben noch!«
und konnten es so plötzlich nicht verstehen.
Denn wo er hingehörte, – war ein Loch.

Annäherung an den Bruder

30.7.2017 (Besuch in der HS-Klinik Wiesbaden)

Die Zeit hat Zeichen gesetzt, wer will sie stoppen?
War Trotz dagegen deine untaugliche Methode?
Hochmut oder Verschlossenheit –
womit erbaut man Barrieren?
Drang in deine Aura kein Gefühl?
Oder ängstigte dich sein Übermaß?
Weich verschwimmt das Wachs,
wenn sich die Flamme nähert,
und Worte können kratzen, beißen,
Auch ein raues Tier besitzt ein zartes Fell.

Bilder bedrängen ungebeten,
Weckrufe aus deiner Zeit:
Augen wetterleuchten zuweilen
vom Papier einer Fotografie herüber,
und die Liebe zu einer treulosen Frau,
die Anhänglichkeit für einen verschlossenen Vater
oder kindliche Begeisterung für Musik.
Doch heute nichts zu stark, nur zu nicht lange,
sonst spülte es eventuell
die brüchigen Schutzmauern gegen gestern fort!
Und dann?
Wie lange werden sie noch halten?
Wer wird das Vögelchen in dem zerzausten Nest
noch einmal streicheln?
Eine Seele hat keinen Haltegriff, kein Futteral.

(Am Morgen danach: Anruf seiner Tochter:
Er war in der Nacht gestorben.)

Der Heißluftballon

2.1.2021

Vielleicht haben sie ja Tenside verschluckt
bei den Bubbles, die aus ihren Mündern kommen!
Und gewiss haben sie niemals aufgemuckt,
sie wollten ja schließlich »weiterkommen!«

Die Rückenmuskeln vom Buckeln krumm
und buntkariertes Nichts in den Hirnen
verkaufen sie lauthals dies Vakuum
als Geistes-Freiflug zu den Gestirnen.

Oh füllten sie doch ihre heiße Luft
– denn davon verströmen sie wahrlich genug,
obwohl jedermann längst »Aufhören!« ruft! –

in einen dicken Heißluftballon!
Dann stiegen sie ein und flögen davon –
und ich wünschte ihnen nur: »Guten Flug!!«

Der Sänger

30.3.2017

Seine Siege haben Tränen in den Augen,
und wenn er tönt zerspringen die Gläser der Gäste;
Selbst die Engel, von denen er berichtet,
stehen steif in einer entwidmeten Kirche
und halten zu schweigen für das Beste.
Derweil will mein Herz
mit den Flügeln schlagen und
hinaus zum Frühlingsflieder!
Drinnen heult der traurige Poet
zur verstimmten Gitarre Liebeslieder,
von der er nichts versteht.

Das Parkett scheint betroffenen,
– Applaus, Applaus! – und fällt
mit ihm in seichte Gefühle.
Er zittert eine Weile die Zeit noch ab,
sie schmeckt nach Modder und Lehm,
die Texte sind dürftig, der Sinn etwas knapp,
dem Publikum ist es trotzdem genehm.
Die Töne fallen trostlos zwischen die Stühle,
berühren kaum die Füße im Auditorium,
Der alte Tag geht darüber um
und legt sich unzufrieden ins Bett,
die Putzfrau fegt im Saal das Parkett.
Nur draußen blüht, im Geist vereint
mit mir alleine, wie mir scheint,
und ohne die schmalzigen Lieder
noch immer der Frühlingsflieder!

Der Säufer

2.6.2021

Er sah in die Luft, man bemerkte ihn kaum,
obwohl doch von stattlicher Größe,
seine Worte: Blasen aus Seifenschaum,
waren nicht mal ein Mini-Getöse.

Er wagte die Hand dabei kaum zu erheben,
die Fingernägel mit Trauerrand,
als wüsste er schon: ihm wird keiner geben,
weil niemand sich dafür zuständig fand.

Ein Heiermann und er wäre beglückt,
er würde sogleich sich wieder betrinken,
es wäre die Nacht für heute gerettet.

Ich ging vorbei und fühlte bedrückt
seine Blicke hinterher mir sinken,
mein Herz von Gewohnheit verfettet.

Der schöne Schein

26.6.2020

Viele haben es an sich: gewöhnliche Frauen,
die Marktweiber und auch die besonderen Damen,
wie sie auf Männer hochmütig niederschauen.
Sie scheinen von Adel auch ohne das »Von« im Namen.

Sie ist ihnen angeboren, die Bel-Attitüde.
Sie möchten ständig bestaunt und bewundert sein,
und ihre Trägerinnen werden nicht müde
auf Hochglanz ihn zu polieren, den schönen Schein.

Kommt aber einer und fällt nicht sofort darauf rein,
den Prinzessinnenschritt und den verschleierten Blick,
dann muss es mit Sicherheit der und kein anderer sein!
Dann wippen die Brüste und rücken die Schultern zurück.

Erlegt sie ihn endlich und ist das Blümchen gepflückt,
dann möchte die Rose sofort wieder Knospe spielen,
denn was man schon hat, danach ist man nicht mehr verrückt,
es zählt als Einziges: sich bewundert zu fühlen.

Und wenn eines späteren Tags der Lack dann ab ist,
und nichts mehr da, den Untergang aufzuhalten
und die Bewunderung auf dem Markt zu knapp ist,
– dann können sie unverhofft auf »f r o m m« umschalten!

Die Alten

3.10.2018

Sie sitzen auf Gängen und Fluren herum,
als hätten sie Gott die Zeit gestohlen.
Sie stieren Löcher ins Drumherum.
Man hat wohl vergessen, sie abzuholen.

Die Stunden dehnen sich hin zu Tagen,
dabei ist es eben mal Mittagszeit.
Und in den Augen die blicklosen Fragen:
wann ist es endlich für mich so weit?

Einst waren sie auch die flotten Bienen,
die Macker aus der Haifischbar
und keine Kartoffel war ihnen zu heiß,
nun rosten sie auf dem Abstellgleis.
Sie wissen nicht mehr, was vorhin war
und können nicht mehr das WC bedienen.

Die Luft riecht nach Kantinenessen,
untergemischt ein bisschen Urin,
nichts ist geblieben vom eigenen Ermessen
und was ihnen früher wichtig erschien.

Manchmal steigt eine Stimmer hernieder
aus unbekannter Vergangenheit
und sie erkennen – wer war das doch wieder?–
Und sinken zurück in die wortlose Zeit.

Sie fühlen auch ohne Erkennen die Bürde,
begehren dann auf, nicht wissend warum,
und möchten doch nur ein bisschen Glück,
gebt ihnen ein wenig von dem zurück,
was sie euch schenkten – sie bitten nicht darum –
und lasst ihnen trotz alledem: ihre Würde!

Die Bettlerin.

28.1.2017

Man hatte es nicht bemerkt,
als sie fort war; sie schien sowieso
mit dem Hiersein nur lose verbunden.
Und jeder schaute angestrengt
an dem Pappbecher vorbei,
dort an ihrem angestammten Platz
und dem «Haste mal 'n Euro?«

Im Stoff um ihre Glieder schienen
die Falten schon eingewebt,
als dünn gewordene Lebenszeichen
besserer Zeiten.
Zigaretten und Bier hatten ein Übriges getan,
Rouge um die Nase
und Grau unter den Augen aufgelegt.

Und muss doch einmal jung gewesen sein
mit Plänen, Hoffnungen,
vielleicht mit Liebenswürdigkeit!
Auch Sie hatte einst eine Mutter!
Ich sitze gegenüber im Café
und plötzlich fehlt ihr »Haste mal 'n Euro??«
Und dass dort drüben jemand stand,
wo jetzt nur noch eine Ecke war.
Und bin erstaunt, sie zu vermissen.

Eine verflossene Partymaus

31.7.2019

Sie war jene Partymaus schlechthin.
Nun ist sie etwas breit geworden.
Nach Party steht ihr noch immer der Sinn,
nach besäuflichem Feiern und Männer morden.

Die Mähne ist immer noch etwas zu blond
und könnte mal einen Kamm vertragen,
sie tut so, als spielt sie in einem James Bond
und verbreitet das Flair von vergangen Tagen.

Ein Leinenhänger umweht die Figur,
die Flip-Flops erinnern an Sonne und Strand,
dabei ist sie gänzlich schon aus der Spur,
sie hat es nur selber noch nicht erkannt.

Der Anspruch eilt ihr um Meilen voran
und wirkt nur komisch, sie merkt es nicht,
sie malt sich mit fünf Pfund Schminke an
und erzeugt bloß ein trauriges Clowngesicht.

Ich denke, sie wird noch nach dem Begraben
träumen vom Aufstieg auf goldenen Leitern,
von ewiger Jugend Visionen haben.
– und Luzifer dürfte das sicher erheitern!

Die Bühne – Aus dem Leben eines Mimen –

11.3.2015

Hinter dem Lappen, noch vor dem Spiel,
der Augenblick zum Greifen dicht,
die Spannung in den Start geduckt,
eine schillernde Blase Erwartung,
vollgestopft mit Leben.

Dann, mit Bangen und Sehnen erwartet,
hinaus auf die Bretter, die die Welt …
Wie viele Male schon sich neu erfinden
im magischen Als-Ob:
das Lot in teuflische Tiefen senken
oder auf den Schwingen der Worte
über dem Publikum schweben
um vielleicht in eine Seele zu greifen,
sie zum Klingen zu bringen … oder auch nicht,
und um nächtlich danach, möglichst unbeschadet -
wieder aus dem Traum herauszutreten,
wenn die Lichter verloschen.

Wie viel Verzicht und Mühe auf dem buckligen Weg
bis zur Magie dieses Augenblicks?
Denn dann – wann sonst? – so dachte er,
findet das Leben statt!
Doch seine Beute ist scheu und flüchtig
und das Leben zählt ohne Gnade
die Minuten rückwärts
aus unserem begrenzten Vorrat.

Der Sohlenabdruck des Mimen klebt vielleicht
eine Weile noch auf den Brettern, die die Welt …
Doch zum Ende tobt kein Beifall mehr,
die Zeit hat ihr Schwert gezückt
die Bühne seiner Welt ist verlassen und leer.
War es das wert?

Die Lügnerin

6.10.2018

Sie log am Tag um die zweihundert Mal,
befand sich damit durchaus in der Norm.
Für sie war das Lügen total normal,
war ihre natürlichste Ausdrucksform.

Sie belog ihre Chefs alle sonders und samt,
und selbstverständlich auch bei der Steuer,
Sie schwor dienstags Treue am Standesamt
und donnertags wohnte bei ihr schon ein Neuer.

Daher war auch folgerichtig das Kind
«Selbstverständlich von dir!«, so erklärte sie.
Er glaubte es ihr, – wie Männer so sind,
den wirklichen Vater erfuhr er nie.

Natürlich log sie auch bei ihrem Alter,
belog ihre Freundin »Du siehst so gut aus
mit deinem wattierten Büstenhalter«,
doch hing ihr die Freundin zum Halse heraus.

Nur einmal hatte sie nicht gelogen,
dies ärgerte sie hinterher am meisten:
sie hatte geliebt und wurde betrogen.
Da dachte sie: Schuster bleib bei deinem Leisten!

So log sie sich weiter querbeet durch das Leben,
war in der Gesellschaft durchaus etabliert.
Und hätte es Lügen up-dates gegeben,
die hätte sie sicher sofort abonniert.

Am Himmeltor hat sie sogar noch gelogen:
»Lass mich dort rein, ich war eine Brave!«
Da hat sie dann Petrus am Ohr gezogen –
nun schrubbt sie am Himmel die Sterne zur Strafe.

Und seh' ich von unten die Sterne blitzen,
freut mich das sehr. Und dann glaube ich,
ich seh' sie dort oben auf Sirius sitzen
und denk' mir, das Lügen hat doch was für sich!

Flüchtlinge

18.4.2016

Ihre Augen sind von langen Wegen schwarz,
als hätten sie die Sonne dort zurückgelassen,
wo ihr Leben einst um ihre Freunde kreiste.
An den Bäumen hängen fremde Wörterwolken,
und das Zentralgestirn
verbeugt sich hier viel tiefer vor dem kühlen Norden.
Seitenblicke voll Verneinung
stechen in die Flanken,
zucken abwärts bei Entdeckung,
fahren alle Jalousien nieder,
statt dem Fremden Salz und Brot zu reichen.
Nichts ist wie es einmal war,
alles beobachtet, selbst der Schlaf
hat seine Unschuld hier verloren.
Klinisch gereinigt vom Duft ihrer Herkunft
bieten auch Erinnerungen keinen Trost,
die Kälte schneidet in die Wurzeln der Seele,
bitter schmeckt das Brot der Fremde.

Heimaltlos

29.1.2016

Nicht dort, nicht hier und nirgendwo zu Hause,
die Nacht ist fahl, ein hoher Himmel brennt,
die Straße gönnt dem Atem keine Pause
und spuckt ihn aus, dort wo ihn niemand kennt.

Die Fremde, die nicht mit sich handeln lässt,
um Meilen rückwärts ist die Zeit erfroren.
Die Zuversicht baut ihm kein neues Nest,
dem Raum ging eine Dimension verloren.

Dass ihm der Puls noch nicht abhanden kam,
ist einzig einem Vogelflug zu danken,
der seinen Blick mit sich zum Himmel nahm,
als er am Abgrund stand, am Rand der Planken.

Die Nacht bleibt triste nur der Not verpflichtet,
der Schlaf schenkt seiner Sehnsucht keine Rast:
»Wo ist der Platz, das Heim für mich gerichtet?
Gib mir, wenn du eines übrig hast!«

Ihr, die nicht mehr seid.

Camino-Sonette, Finisterre, 3.9.2018

Ihr, die nicht mehr seid, ich trage euch in mir,
ich fühle eure Hand auf meiner Schulter liegen,
und wollen manchmal Alltagslasten mich verbiegen,
dann richtet ihr mich auf, ich danke euch dafür!

Danke für die Sorgen, die ihr mit getragen habt,
den unliebsamen Spiegel, wenn es nötig war,
die Treue und Beständigkeit, so Jahr um Jahr,
die Richtung, die ihr mir durch euer Beispiel gabt.

Nun wandere ich schon lange meinen Weg alleine,
ich steh' am Ende – finis terrae – dieser Welt
und lausche über meine Fragen in den Wind.

Ich fühle die, die nicht mehr gegenwärtig sind
und dass mich ihre Nähe weiter aufrecht hält,
bis das Unsägliche uns einmal eine.

Mein Bruder

27./28.5.2017

Mein Bruder Leichtfuß,
da, von Anfang an,
als ich die Welt zu allererst erkundete,
mein Großer mit der Deutungshoheit,
mein So-wie-es-sich-lohnt-zu-sein.

Wenn die Gegenwinde bliesen,
dann schwebtest du außen herum,
weil Musikanten
mit ihren Tönen fliegen können;
ich musste stets zu Fuß
durch die Mitte der verfassten Begriffe.
Jeder suchte seinen Weg,
den leichteren du, ich meinen erdigen.
Wir stolperten getrennt
doch über gleiche Steine,
die unsere Wege pflasterten,
du lagst mir stets im Blick.

Die Zeit hat dich ereilt,
von deiner Körpergröße abgehobelt,
dein Herz schlägt unwillig nur
den alten Takt. Wie lange noch?
Die Träume schnallten ihre Flügel ab
die festen Wände sind bereits durchlässiger.
Ich ziehe auf meinem Feld die gleichen Furchen,
noch immer, nach meiner Art.
Du bleibst mir, was du warst.
Denn Zeit ist eine Illusion.
Doch wo sollte sich sonst
die Erinnerung anlehnen?

Selbstmörder.

11.-12.12.2016

Wer gestattet, es wegzuwerfen,
weil ihr es nicht ertragen könnt?
Ihr bekamt das Geschenk zur Pflege,
dankt ihr, indem ihr es verbrennt?

Ihr züchtet das Blümchen Empfindlichkeit,
Mit welcher Goldwaage wiegt ihr hier?
Zu nehmen und zu verlangen ist eines,
wo bleibt der wohlfeile Ausgleich dafür?

Der Regen fällt nicht nur auf euch alleine;
und wenn er euch bis zum Halse stieg,
dann hättet ihr schwimmen lernen sollen!
Die Wehleidigkeit erringt keinen Sieg!

Verantwortung mutlos zu hinterlassen
ist billig und wahrlich kein Ruhmesblatt.
Leer euren Löffel abzugeben
macht weder euch noch andere satt!!

Es ist, wie es ist! Die Sonne steigt auf,
auch hinter den Wolken an trüben Tagen!
Es wird uns gegeben und wird uns genommen,
Und unser Teil ist: Es in Würde zu tragen!

Witwen

31.8.2021

Sie bevölkern die Parks und die Alleen
und haben vor allen Dingen: Zeit!
Sie haben schon bessere Tagen gesehen
und fragen sich nun: Wann ist es so weit?

Sie sind noch rüstig, auch mit Rollator,
aber sie hören zuweilen schlecht.
Sie sangen früher im Kirchenchor
und gingen den Männern ans Gemächt.

Von alledem lebt nur Erinnerung,
auch wenn sie die Gegenwart manchmal vergessen.
Damals hatten sie Feuer und Schwung,
heute sind sie auf nichts mehr versessen.

Sie sind in die Jahre abgetaucht
und paddeln gerade noch so mit Bangen.
»Ich hätte ihn doch noch so sehr gebraucht!«
Die Männer sind Jahre vor ihnen gegangen.

Da sind noch die Kinder und Enkel, – ach ja –
die lassen sich ab und zu noch blicken,
doch selten. Und Freunde sind auch nicht mehr da.
Was sollte ein altes Herz noch berücken?

Und wenn sie dann plötzlich nicht mehr sind,
wird keiner die Übrig-Gebliebenen zählen.
Die Blätter rauschen weiter im Wind, –
nur dem Hausarzt wird ein Krankenschein fehlen.

Traumtänzer

7.1.2016

Er tanzt durch den Alltag,
hüpft über die Pflicht,
und all die Beladenen
trauen sich nicht.

Er lädt seine Sorgen
zum Festdinner ein
und trinkt mit dem Ärger
moussierenden Wein.

Er hat eine Seele
mit Lotuseffekt,
und daran perlt ab,
was ihm nicht schmeckt.

Wonach sich der Nachbar
den Hals verrenkt
und doch nie erreicht,
kriegt er geschenkt.

Soll ich ihn beneiden,
zum Vorbild nehmen?
Soll ich mich über
mein Schicksal grämen?

Nein! – Denn er bekommt
nie jene Gabe,
die ich mir mit Anstand
erworben habe.

Er wird nie fühlen,
was eigene Kraft
trotz aller Widrig-
keiten erschafft.

Er kennt nicht die Schatten
und weiß deshalb nichts
von der ganzen, erhabenen
Größe des Lichts!

Nähe und Ferne

Am Mekong.

Luang Prabang, 24.6.2016

Durchreisender von weit –
und lange, lange auch so weiter.
Goldpagoden thronen an den Ufern,
sich selbst genug in ihrer Pracht.
Sogar die Sonnenuhren
scheinen langsamer zu gehen.
Auf's Maß geschrumpfte Menschen
mit dem Wissen vom Vorübergehen
fragen: Gibt es draußen wirklich
Hast und Jagd nach mehr??
Und wer hat die Sterne
hier so tief herabgezogen,
dass sich Erde, Nacht und All
brüderlich umfangen?
Land, aus grüner Wildnis aufgestanden,
atmet mit dem gelben Strom,
voller Gleichmut ob des nächsten Morgens.

Eine Glocke drängt orange Tupfer
aus den Mönchsbehausungen,
treibt sie hin zu frommem Studium:
Das Jenseits einzig ist die Mühe wert.
Deshalb legt ab, was euch beschwert!
Hoch am hellen Himmelsbogen
übers Firmament gezogen
auf der festgelegten Bahn
brütet in sich versunken eine weiße Sonne.
Und der Buddha hält den Atem an.

Das ist's Montanach

16.5.2015 (mit Jens u. Doreen von Trier bis Metz)

Nach langem Marsch: der Abend,
fremd das Land und fremd der Ort,
müde und wohin zur Nacht?
Nur die Weggefährten,
Wolken und die Leere.

Plötzlich dann
geschieht Geborgenheit!
Ein Wirt sorgt sich,
ein altes Paar, die Haustür öffnend
bietet uns Willkommen und ein Obdach an.
Eben noch Verzagtheit in den Gliedern,
jetzt ein Mahl, die Gasthausrunde,
und der Wein beschwingt die Zunge.

Zufrieden sinkt das Dunkel ins Refugium,
deckt das Bangen, Wollen, Wünschen zu.
Und dabei zu wissen, innen,
dass in all dem Trubel, allem Treiben
eine Achtsamkeit besteht, unendlich,
und das Auge einer Liebe wacht:
Das ist's!

Geh westwärts, Kleiner

29.6.2019

»Geh westwärts, Kleiner,« sagt der Gebrechliche,
»dort sind die Tage erfüllter, neuer.«
Er hört ihm zu und glaubte ihm auch,
die Linden dufteten Abenteuer.

»Du musst die Sonne weiter verfolgen
bis Osten, dort ziehen die Wunder herauf.«
Der Einäugige nickte beschwörend ihm zu,
»Das Gold liegt dort in der Ferne zuhauf.«

»El Dorado, das Gold, – das ist lange her,«
der Seemann schniefte und nahm einen Priem.
»Das Glück, das suche im südlichen Meer,
dahin musst du gehen, dorthin folge ihm!«

Es zog ihn bis ans Ende der Welt,
wo weiß die Wünsche der Menschen erfrieren.
Die Gipfel dort oben, gülden erhellt,
sollten dem Sucher Weisheit gerieren.

»Nicht hier auf dem Berg! Nur ständiges Streben!«
– der Weise erwachte aus Meditation –
»dann wirst du das Unsagbare erleben.«
Und er ging weiter – wie vielmals schon.

Kam über die Berge zur Stadt, der bekannten.
– Was hat mich von hier einst weggetrieben?
Ich heiße noch immer so, wie sie mich nannten,
Was würde mir fehlen, wär‘ ich geblieben??

›Mary vom guten Leben‹

Merzbach 15.5.2015 – ins Gästebuch – (auf dem Weg von Trier nach Metz)

Mary von Merzbach, die Herbergsfee,
macht Pilgerherzen höher schlagen;
ein kräftiges Wort, ein gutes Soupée,
so läßt sich's Wandererleben ertragen.

Wäre ich mächtig und auch berechtigt
Adelstitel zu vergeben,
– denn ich habe hier sorglos genächtigt –
hießest du »Mary vom guten Leben.«

Aber so ist es auf Erden eben,
ich bin nicht mächtig und bin zu klein;
ich kann dir nur das Versprechen geben:
Ich schließe dich in mein Erinnern ein!

Heilig schuf Brahman das Land Agra,

7.10.2014

Weißes Land, heißes Land,
bleicher Marmortraum,
Vishnu wacht, der Weltbewahrer,
über den behelmten Totenkuppeln.
Voller Hoheit trotzen Mauern, Zinnen,
Prunkfassaden dem Verfall.

Deine Farben:
gelbes Land und brauner Sand,
blaue Götter, Mauersimse, bleu, rosé;
wandeln nicht im Gassendunst
dort Blumen, zahllos, violett und karmesin,
mit golddurchwirkten Zöpfen?
Lachen, langes Drücken deiner Hand:
›Where from?‹

Lautes Land und weites Land.
Heilig dösen Kühe in der Sonnensoße
mitten auf den Magistralen,
warten voll Gewissheit auf ein Abendbrot
oder heilig auf den Tod.
Vielarmig tanzt Shiwa, der Zerstörer,

Aus tausend Jahren Gleichmut aufgestörtes,
just erwachtes Land,
träumend noch im Alten, sich neu erfindend.
Zerbrechlich hockt auf den
Heuschreckbeinen rostig
ein Turban mit hohler Hand,
dahinter, alt und prächtig, ein Palast.
Dann die Kinder! Dunkle Augen!
Wollen immer mit aufs Bild!
Blaue hohe Glasfassaden preisen die Vernunft
und lassen sich ungern herab,
den Elefantengott Ganesha noch zu reflektieren.
Auf verwegen alten Trassen
holpern Kuh-, Kamel-, Motorgefährte,
vollgestopfte Zukunftsbahnen,
– Brahman blind ergeben, – in die neue Zeit.
Heilig: Berge, heilig: Bäume, Tiere, Menschen,
heilig schuf Brahman das Land.

Leben auf Abstand Metz/Viersen

19./20.5.2015

Leben auf Abstand,
zurück von der Reise
doch noch nicht angekommen,
aus einer Zeit, die Abstand hält.
Altes Land,
durchtränkt von Blut und Geschichte.
Und wieder aufgeblüht
zwischen Bunkerruinen und Totenhainen,
trotz der Narben.
Es bleibt auf Distanz!
Zu leicht bedrohbar ist die Ruhe.

Wie viele Landsknechts-Stiefel,
oder Pilger-Sandalen
haben den Boden getreten,
dem die Bauern wieder Frucht abringen?
Wie viele Idiome gemäß der Herrscher
haben die Festungssteine umspült,
wie lange werden die Flüsse bleiben,
dort wo sie sind?
Was Wichtigkeit, ob ich hier gewandert bin.

Im hohen Wald kitzeln
weiße Bärlauch-Felder die Nase,
bereit mein Mahl zu würzen,
Gleich hoch der Dom
mit seinen Fenstern,
es berücken Licht und Formen,
die bunten Farben Marc Chagalls!
Dank für Weg und Zeit,
zurückgekehrt aus diesem Land!
Als Geschenk im Gepäck
die Ahnung seiner alten Kraft.

Meran

25.7.2014

Seid mir gegrüßt, südliche Tage,
wo Blick und Seele sich
an die Berghänge schmiegen
und die Sinne sich empfängnisbereit
zur Weite des Himmels öffnen.
Anders verrinnen die Stunden hier,
verlieren die ernste Bedeutungsschwere,
fühlbarer dehnen sich Rücken und Glieder
und belohnen die ächzende Bemühung bergauf
mit luftigem Gipfelblick.
Da oben tanzen die Götter,
Moses und Buddha stiegen von dort herab,
und verkündeten Heil den Heillosen.
Die Kraft aus den Felsen,
dem eisblauen Wasser der Gletscher,
dem geheimnisvollen Grün der Täler
verändert das fest geglaubte Gefüge
von Raum und Zeit
und lässt unvermittelt Wirklichkeit zu.

Mond über Yukatan

28.6.2018

Steine und Stelen, Mond über Yukatan.
Geister und Seelen, Herrscher und Untertan,
lebendige Zeugen der großen Ahnen,
die Knie beugend vor fremden Altanen,
nur scheinbar besiegt von der neuen Zeit.
Ihr Blut drängt noch immer, kampfbereit.
Im Dämmer erheben die Krieger sich mächtig,
von blutigen Riten und Schlachten trächtig.
Für kurz in der Spanne der Dunkelheit
triumphieren die Götter der alten Zeit,
erleiden Menschen nach ihrem Gebot
auf Pyramiden den Opfertod.
Das Zwielicht webt ein bleiches Gewand
dem Land, das die Wurzeln wieder fand.
Hoch zieht der Mond über Yukatan
auf seiner geheimnisbehafteten Bahn. –

Dann hebt die Sonne sich gleißend empor,
vielstimmig begrüßt vom Schöpfungs-Chor,
heißt alle die Götter und Krieger versinken,
die Nachtmare in ihrem Licht ertrinken.

Mond am Meer

Playa del Carmen, 30.6.2018

Der Mond schmilzt Silber auf die See,
von fern drängt Menschenlärm zum Strand,
die Wellen rauschen Luv nach Lee,
und beißen in den Küstensand.

Zuweilen deckt ein Wolkenschleier
das weise, runde Mondgesicht,
während altvertraut zur Leier
der Wind den Abendsegen spricht.

Rund erdachtest DU das Leben,
auch wenn's dem Verstand nicht passt.
Wirst ihm weiter Nahrung geben,
bis er Deine Wahrheit fasst.

Einmal es von innen sehen,
was den Mond zum Leuchten bringt,
und ich werde es verstehen,
welchen Takt der Äther schwingt.

Mond, so oft zur Nacht beschworen,
rührst beredt die Augen an!
Bist zum Lehrer auserkoren,
damit die Seele sehen kann.

Palenque, Mexiko

21.6.2018

Die alten Götter wohnen noch immer
unter ihren Pyramiden.
Sie schlafen nur und schütteln manchmal
im Traum die Erde Yucatans,
wollen sie vom Blut befreien,
das sie trank auf den Schlachtfeldern und Altären
der Priester oder meuchelnder Konquistadoren.
Zu viel, als dass Itzlamnas am Himmel
es zu verbrennen vermochte.

Fußspuren von Zyklopen bedecken das Land.
Darunter öffnen sich im Wasser der Cenoten
die Fenster zu seiner Seele,
oben hastet darüber noch immer
der gleiche, gleichgültige Wind.

Eines Tages, so die Prophezeihung,
werden die Versunkenen wieder erwachen,
wieder erstehen und gegen den Wind blasen,
und werden ihrer Stärke bewusst
die Revolution von der Kette lassen,
befeuert vom ewig gleichen Wunsch
nach Gerechtigkeit und nach Gedenken.

Reisegesellschaft

28.7.2019 (Zugfahrt HH-Ry,)

Sie sitzen sich gegenüber in Zügen
und keiner verliert nur ein einziges Wort.
Sie reisen auch nicht zu ihrem Vergnügen,
das Einzige nur, sie wollen hier fort!

Die Landschaft fliegt an den Fenstern vorbei,
sie würdigen sie nicht eines Blicks.
Sie möchten, dass »hier« endlich »anderswo« sei,
ein Neuland, das Traumland ihres Geschicks.

Sie tippen verbissen ins Handy Gefühle
und meinen, dass das zum Ausleben reiche.
Beliebig sind ihnen die Reiseziele,
denn ihre Sehnsucht bleibt immer die gleiche.

Dort innen, da gähnt ein riesiges Loch,
ganze Länder und Meere passten hinein.
Auf ihrer Flucht wird es größer noch,
– will doch nur geliebt, will ausgefüllt sein!

Gebt dem, was ihr flieht, nur ein kleines Maß
an Zuneigung mit einem Lächeln darin.
Schon füllt sich euer Sehnsuchts-Glas!
Nicht fordern, – das Geben macht den Sinn!

Russland Wolgakreuzfahrt

9.-12.8.2019

Die Sonne ist träger, die Himmel hier tiefer,
darunter dehnt sich die Luft so weit.
Gewässer zerfließen zum grauen Schiefer
der Tiefe in Unabschätzbarkeit.

Seine Seele schwebt auf schweren Schwingen
über die Menschen, die Erde, die Stadt,
und fordert von jedem, sein Opfer zu bringen,
das sie so oft schon gefordert hat.

Dann, – aus den Nichts, – ein Akkordeon,
die Töne perlen, zu allem bereit,
verschenken sich allen Bedrückten zum Lohn
für das Ertragen in Duldsamkeit.

Und da ist Bewegung, der Tanz explodiert
zu springlebendigem Rausch und Ekstase,
vergeblich das Zögern, wer sich noch ziert,
der Trübsinn ertrinkt im schäumenden Glase.

– Verklungen. Vorbei. Es verdüstert schon wieder
ein Schatten wie ehedem das Land,
gießt Blei in die lebendigen Glieder,
als hätten sie anderes nie gekannt.

Titicaca

24.6.2017

Kleinkinder-Sprache, oder Beschwörung?
Sprossenleiter aus perlenden Worten
am Meer hoch über dem Meer.
Vergessene Götter in der Tiefe
und hoch in der Runde, fern und ernst,
die würdig-weißen Cordillieren.

Bunte Tupfer stehen auf gerolltem Schilf.
Ob denn Träume schwimmen können?
Runde Welten, Wurzelinsel,
wiegen ohne zu ermüden ihre Menschen,
um nach ihrer Zeit dann klaglos
abzusinken in ihr Element aus mystischem Blau.

An den Ufern schläft derweil die Zeit
lehmfarben still und erdverbunden
und die Ur-Ur-Enkel lange begrabener Inkas
segnen mit ihrem Bemühen der Tag.

Herzblut eines Kontinents,
in der riesigen Opferschale
dargereicht dem Sonnengott; dem strahlenden,
der jeder Missionierung trotzte.
Sein Geist begeht tief unten im Wasser
die transzendente Kommunion.

Wind weht

23.7.2020 (St. Peter-Ording)

Wind weht,
die Seele geht
gen Westen,
Sand treibt,
der Fuß bleibt
verhaftet im Festen.

Unerfassbar,
aber wahr
dort die Räume,
Lust-erfüllt,
und ungestillt
locken die Träume.

Schwimm mein Floß,
Leinen los,
in die Welt gezogen!
Das Glück ist leicht.
Unerreicht
treibt es auf den Wogen.

Natur

Am Wasser

8.6.2014

Über'm Weiher tanzen Mücken,
seitwärts plantscht ein Wasserspiel,
Rosen mit ihrem Duft entrücken,
gelb verblasst das Tagesziel.

Ganz vom Grünen aufgesogen
grünt es selbst in den Gedanken,
ist das Grübeln gleich verflogen!
Wasserlilien luftig schwanken.

Draußen wollen graue Welten
oberlehrerhaft belehren,
lassen Unnatürliches nur gelten:
du sollst Hab und Gut vermehren!

Du musst auf der Erde gründen
brüderlich mit dem, was ist,
dann wirst du das Wunder finden
tief im Innern, wer du bist!

Buschwindröschen

8.4.2017

Die Köpfchen zittern im Morgenwind,
fedrig und weiß auf grünen Kissen,
die Buchen, die fast noch im Traumland sind,
lassen ihr Blätterdach noch vermissen.

Sie halten den Himmel hoch, die Bäume,
verehren das steigende Sonnenlicht,
die Röschen träumen die Blütenträume,
der Frühling tut seine erwartete Pflicht.

Wen würde es wundern, stünde am Stamme
das Rotkäppchen dort mit Kuchen und Wein,
und jungen Birken reckten sich stramme,
möchten ein Ehrenspalier für sie sein.

Droben im Astwerk ist Flattern und Blinken:
Vom Hauch des Morgens inspiriert
wird von den Hähern, Meisen und Finken
der Aufwach-Hymnus intoniert!

Sie drehen zur Sonne die Blumenaugen
die Waldanemonen, niemals zurück,
um deren Liebkosungen einzusaugen
und heiligen stumm diesen Augenblick.

Der Kohlweißling

19.- 22.4.2018

Am Teiche schwebt in weißer Mittagsstunde
die Stille stofflos zwischen Strauch und Beet.
Ein Kohlweißling dreht seine Flatterrunde
und schreibt uns in die Luft: «Oh seht doch, seht!«

Er buchstabiert mit seinem Gaukelreigen
das alte Alphabet vom puren Sein,
so dass sich Luft und Himmel zu mir neigen,
und Frieden stellt sich mir im Herzen ein.

Wenn Dürftigkeit und Zagen mich befallen,
und Angst zieht mir die Mütze ins Gesicht,
will ich gedenken des Kohlweißlings Flug,

Er schreibt: Es gibt für jeden doch genug!!
Fliege mit dem Schmetterling ins Licht
und fühle es: Du bist ein Teil von allem!

Die Libelle

15.9.2019

Schwirrend steht sie auf der Stelle
ob' des Teiches, die Libelle,
Setzt zur Seite dann und wann,
dass der Blick kaum folgen kann,

träumt im lauen Sommerwind.
Wölkchen, die am Himmel sind,
Halme, die sich zärtlich wiegen,
spielerisch zum Teich hin biegen.

Rosen blühen, lautlos raunend
den Libellenflug bestaunend,

Käfer kreisen mit Gebrumm
um ihr Spiegelbild herum,

während leicht die Wellen wogen,
– husch, schon ist sie weggeflogen!

Die Rose

21.6.2021

Eine gelbe Rose
voll dotterfarbenen Lebens.
ihre Pracht bewusst
neigt sie kokett
den Kopf zur Seite
und duftet auch
zu allem Überfluss!

Eine satte Rose
inmitten des Seins,
doch außen zum Rand hin
bleichen die Blätter bereits
ins unschuldige Weiß,
wie Indien trauert.

Nur eine Rose
unter vielen.
Und jede besonders.
Mein Blick ist es,
der sie erhöht
zu ihrer
Einzigartigkeit.

Die Welle am Strand

31.7.2021

Überdrüssig der endlosen Weiten
schüttet sie ihre Verachtung an Land,
zermahlt die Zeit zu Ewigkeiten,
versinkt wie nie gewesen im Sand.

Hier küsst sie demütig deine Füße,
und wirft dir Muscheln an den Strand,
als ob sie für ihre Taten büße,
für jeden, der in ihr sein Ende fand.

Da draußen rollt sie in stolzen Wogen,
und schlägt auf die Schiffe, tonnenschwer,
sie stürmt vom Herzschlag des Meeres gezogen
mit schäumend weißer Krone einher.

Und einen sich alle Geschwister zur Flut,
dann brechen sie über das Land herein,
ertränken das Leben, zerstören Hab und Gut!
– Ein jeder sollte gewappnet sein!

Ein Blatt nur, gelb

30.10.2016

Ein Blatt nur,
gelb auf kühlen Lehm verweht,
träumt in der schrägen Sonne
vom Sommer, der verging.
Lustig flirrte es mit seinen Brüdern
im luftigen Gefährten Wind,
rötlich glimmt in seinen Rippen
die alte Fülle nach,
fühlt es die Wärme, Säfte noch,
die durch das Grün des Lebens trieben,
die Erinnerung auch an den Sturm, der ihr gebot,
sich an den Zweig zu klammern
und darin zum allerersten Mal
ein fremder Hauch, die Anrührung
vom Nicht-Mehr-Sein.

Der kurze Taumel Freiheit,
als der Stamm im Herbst sein Kind entließ,
die Leichtigkeit und Freude
hinab zu schaukeln auf die Erde.
Dann stieg gestaltlos das Vergehen auf,
und die Gewissheit mit ihr eins zu werden,
– um vielleicht in einer neuen Zeit
neu wieder zu erstehen.

Elemente

15.5.2014

Wasser fließt,
Erde bebt,
Feuer wärmt,
Luft schwebt;

Erde bedeckt,
Wasser steht,
Feuer schwelt,
Luft verweht;

Feuer verzehrt,
Erde versteint,
Wasser erfriert,
Luft verneint;

ob Luft, ob Feuer,
ob Wasser und Erde – :
Geist allein
befiehlt: Es werde!

Es kichert der Kiebitz

1.8.2020

Es kichert der Kiebitz,
es schlabbert der Schneck,
es kollern die Wolken,
sind schon wieder weg.

Es zwackt und zwickt uns
der Zeckenbiss,
für Viecher und Menschen
ein Ärgernis.

Gepriesen, lauthals
oder auch nur
ertragen, so kommt
uns an die Natur.

Wie dem auch sei,
ob Lust oder Qual,
Blas' mir den Hobel!
so ist sie nun mal!

Es regnet

14.6.2020

Es regnet; ich sitze hier unter Glas,
da draußen werden die Bäume nass.
Es rieselt und pieselt, es kringelt den Teich,
mein Kater flüchtet ins Haus sogleich,

und putzt mit der Tatze sich Fell und Ohren,
Die Pfingstrosen haben schon Blätter verloren
und mögen es gar nicht, dass ihnen die Tropfen
so fest auf die prachtvollen Blüten klopfen.

Das Wasser gluckst über die Wege aus Stein
und fließt in die Löcher der Wühlmäuse rein,
Im Baum, da schüttelt ein Spatz das Gefieder,
am Ufer des Teichs drückt's die Schwertlilien nieder,

und unten im Garten, am Gartenhaus,
platscht Wasser schon über die Rinne hinaus.
Nur Sträucher und Rasen, die können' s genießen!
Ich ebenfalls! – Denn ich brauche nicht gießen!!

Glyzinien

20.-22.5.2014

Seitwärts aus der begriffenen Welt,
eine gläserne Pforte, nur einen Schritt
und blaue Träume tanzen dort Reigen
wiegen sich in den Glyzinienzweigen,
Goldregen-Flämmchen träumen mit,
umranken das Holz vom vergangenen Schnitt,
sorgsam dort zusammengestellt.

Steine am Boden im magischen Rund
verbannen Beurteilungen und Skalen
aus den knöchernen Schädel-Schalen,
lassen uns abseits gewohnter Bahnen
wundersame Länder erahnen.
Wir klettern zu Berg ohne Leiter und Seil,
fliegen vom Bogen als zischender Pfeil
himmelwärts oder zum Meeresgrund.

Tritt seitwärts unter das Blätterdach,
von oben tropfen in tiefem Azur
die Freudentränen vollkommener Natur.
Am Zaun im Spiegel ein fremdes Gesicht,
so freudig und klar, so offen und wach?
Bin das denn ich!? Ich erkenne mich nicht!
Wann war ich zuletzt denn so befreit?
Geht seitwärts! Und trete aus der Zeit!
– Wo und wann blüht die Wirklichkeit?!

Hasel, Weißdorn und Holunder

1.4.2019

Hasel, Weißdorn und Holunder,
wieder prangen Hain und Haag,
es erhebt das alte Wunder
sich erneut am Frühlingstag.

Die Magnolie im Garten
ziert ein Hochzeits-Blütentraum,
harsche Winterwinde warten
noch Nord-Ost, doch atmen kaum.

Neue Kraft aus alter Erde,
Leben stirbt und Totes lebt.
Hier will ich mein Beispiel finden,

weiter meine Kränze binden,
bis die Krume mich begräbt.
Und erneut ertönt: Es werde!

Ich besaß eine Quelle

1.12.2020

Ich besaß eine Quelle, die unten am Hang
ganz nahe der großen Weide entsprang.
Sie kam dort ans Licht mit kleiner Gebärde,
mein eigener Zugang zum Blut der Erde.

Es entsprang auch die Hoffnung, dass oben im Wind
ein Heim entstünde für Frau und Kind,
von wo wir gemeinsam voller Vertrauen
über das Tal in die Zukunft schauen.

Doch die Steine des Hauses wogen zu schwer,
die Frau, das Kind – sie zogen nie ein,
Der Nachbar verfüllte die Wasserstelle.

Ich räumte den Platz, gab die Träume her.
– Nur manchmal morgens, vor Sonnenschein,
fällt es mir ein: Ich besaß eine Quelle!

Tränendes Herz

13.6.2015 (In Christels Garten)

Tränendes Herz im Sonnenstrahl,
der Kater schläft auf einer Liege,
und Rosenblüten ohne Zahl,
grünes Blätterdach-Gewiege.

Griesgram-graue Sorgenfalten
wollten mein Gesicht durchgraben
und die Furcht am Leben halten –
doch ich pfeif' auf solche Gaben!

Will der Alltag Schlingen legen,
mich versehen mit Widrigkeiten –
sehe ich dem Licht entgegen,
und bewusst die schönen Seiten!

Schau: die Wolken vor dem blauen
hohen Himmels-Hintergrund
säen Frieden und Vertrauen,
und so wird dein Herz gesund!

Von Poppenspeelern und Schimmelreitern

S. P-O, 21.7.2020

Von Poppenspeelern und Schimmelreitern,
von Himmeln, die ohne Grenzen sind,
von formgewaltigen Wolkenstreitern
und von dem Wind, dem rastlosen Wind!

Vom Land ohne Rand an der Waterkant,
wo die Gedanken luftiger fluten,
vom Meer ohne Balken und Unterstand,
darinnen erlöschenden Sonnengluten.

Herunter von ihren Postamenten
steigen üble und krause Gedanken.
Schlagen die Fluten erst an den Deich,

werden wir eins mit den Elementen,
geschleift sind alle Standesschranken,
denn vor der See sind alle gleich.

Welch ein Tag

13.6.2021 (auf den Süchtelner Höhen)

Welch ein Tag! Die Wege, Gegend
sind ganz blau vor lauter Himmel!
Und die Sonne reitet gleißend
über Land auf ihrem Schimmel.

Kuckucksruf und hohe Stille
unterm Schatten dicker Bäume,
Fingerhüte träumen zwischen
totem Laub verwunschene Träume.

Leichtigkeit und freies Fühlen,
so war's von Natur gedacht,
Spitzmäuse zu Füßen wühlen
und das Korn steht voller Pracht.

Danke für den Tag, die Stunde,
die Sekunde Seligkeit,
und mein Leben in der Runde
menschlicher Gemeinsamkeit!

Paradoxes

Paradoxes

Das Ding

4.3.2018

Ein Ding an sich,
ein Trallalla,
– hier haptisch fassbar
und dort in bits und bytes gefasst
nur als Idee, – ist einfach da.
Und durch die bloße Existenz,
ob nun geleugnet als Chimäre,
weil andere sich darin verlieren,
oder zähneknirschend anerkannt,
bewirkt, verwirklicht es in seiner Sphäre,
dass die Gedanken Wirklichkeit kreieren.
Und auf das Jetzt hier angewandt,
wird, was bis eben nicht verfing,
und flüchtig war, ganz unverfänglich,
allein durch Denken unvergänglich!
Denn was einmal vorhanden war,
bleibt, unverändert, immerdar –
Und schau! Steigt da ein Neues in den Ring?
– Ha!!! –Fass ich's? Fühlst du es? –
Schon wieder so ein Ding!

(Die Koane lassen grüßen!)

Das Eulenhaus

6.9.2020

Ein Haus ist ein Haus … ist ein Haus.
Wie ich. Mit Armen und Beinen.
Ich wohne darin, Sind es die meinen?
Aber wo, Wohnung, stehst du?
Schwimmst du im Anderswo?
Ich halte Ausschau von nahen Gipfeln.
Das Licht leckt an den Steinen so,
dass ich nicht sehe, worauf ich stehe.
Warum brennt die Dunkelheit lichterloh?
Ich schwebe
mit Eulenfedern über den Wipfeln.
Eine Eule ist eine Eule … bleibt eine Eule.
ich ebenso, eine salzige Säule.
höre mich über mir selber rauschen.
Bin ich denn noch?
Oder bin ich nicht?
Mit wem will ich tauschen?
Und wer überhaupt spricht?
Ich sollte Worte stumm
aushauchen oder auch inhalieren,
aus ihren Silben eventuell
ein Eulenhaus konstruieren,
um darin mit anderen Eulen zu wohnen
in einer luftigen Bebauung –
bis zur der nächsten Nabel-Beschauung.

Das Tao

8.3.2015

Will ich es benennen, flieht es,
ist nicht das Wahre.
Wenn ich es voller Begehren suche,
zerbröselt das Unnahbare,
lässt sich nicht greifen,
habe nur Luft in der Hand,
stoße mich an einer gläsernen Wand.
Doch kann ich es sehen,
wenn es dem Anderen – mittig verankert
im Inneren – aus den Augen springt,
wenn Obertöne in Worten schwingen,
rauschend der Wind die Kleider durchdringt
und Taten dem Mut entspringen,
wenn ein Wille im Fallwind aufrecht steht,
wo sonst die Gemüter versteinert sind,
und standhaft des eigenen Weges geht.

Dann habe ich einen Bruder in Yunnan,
den ich nie sah, nie treffen werde,
weiß nur, er gibt sich daran,
Wildkräuter vor der Vernichtung zu bewahren,
habe die Schwester von nebenan,
die Kinder, eben der Hölle entfahren,
Sprache lehrt und Hoffnung gibt
und deren Karren ein Stück weiter schiebt.
Habe hier und auf den Antipoden
Wahlverwandte,
die im Dschungel der Ichsucht roden
und graben und säen auf Taos Boden,

Dann lässt es sich schauen,
das Tao, wenn seine Früchte reifen.
– Auch wenn wir es niemals begreifen.

Der Leuchtturm

5.2.2019

Er steht nur so rum,
wohin soll er auch gehen?
Früher, da war er mal was.
Man konnte ihn nachts noch sehen!
Die Feuer sind ausgebrannt
und seine Zeit hinausgeschwemmt,
mit der Ebbe und mit dem Sand,
wo die Zeit hinfließt.
Ist jetzt Postkartenmotiv,
für den, der noch schreibt oder liest.
Nur die Möwen freuen sich
und segeln um
die Glaskuppel rum,
genauso nutzlos ist ihr Leben,
gleich und gleich gesellt sich eben,
man kennt das Phänomen,
Wer bricht darüber den Stab?
Und trotzdem,
wäre er jetzt weg,
dann fehlte was!
Anfangs zumindest.
Dann würde die Erinnerung blass
und gäbe schnell ihren Löffel ab.
– Ob es ihn überhaupt je gab?

Der Zug nach Kilaglynnamoaninstone

(Nacht, 14./15.2.2015)

Es steht zur Fahrt bereit auf der Station
ein Zug nach Kilaglynnamoaninstone.
Der Klang der Silben hakt sich bei mir ein,
ich träume, steige just aus Jux hinein.
Im Innern sind die Plätze dicht gefüllt,
die Frauen, grob in Leinenes gehüllt,
ein Mann singt dort sein Lied mit rauem Ton
im Zug nach Kilaglynnamoaninstone.
Die Lampen glühen warm in dem Abteil
auf die Menschen nieder. Und derweil
verstößt die Nacht die Sonne von dem Thron
zum Weg nach Kilaglynnamoaninstone.
Es ruckt und schlingert auf dem krummen Gleise,
es zieht uns fort auf unbekannte Reise
die Lok mit ihrem einzigen Waggon
des Zugs nach Kilaglynnamoaninstone.
Und kommt dort an im kalten Neon-Licht.
Der Platz, die Gassen, Häuser passen nicht.
die Menschen gehn beiseite, blicken kalt;
die Schienen sind ertrunken im Asphalt.
Kein Plan zeigt eine Rückfahr-Option.
Es dämmert grau der frühe Morgen schon.
Verflogen ist mit seinem letzten Ton
der Zauber Kilaglynnamoaninstone.

Ein Nichts

Laguna de Castilla, 3.9.15

Es ist ein Nichts, sagen die anderen,
Und: Es ist alles! – die einen.
Es kann kein Brot verdienen!
Es ist das Brot!
Kannst du damit verreisen,
dich vor einem Gewitter schützen?
Ich fliege über den Wolken!
Es zahlt sich nicht aus!
In welcher Währung??
Es ist nichts Dauerndes, stört das Denken,
ist eine neue Gedankenachterbahn!
Es läßt sich einfach nicht begreifen.
Laß es zu – und es ergreift dich,
Ersetzt mir keinen Braten zwischen den Zähnen,
macht nicht satt!
– serviert dir neue verwunderliche Nahrung
exotischen Geschmack auf der Zunge,
den erstaunten Blick über den Tellerrand.
Wozu soll das dienen?
um das Flüstern der Winde zu verstehen,
das Raunen der Stille im lautlosen Raum,
das Ächzen der Erde auf ihrer Planetenbahn!
Und weshalb das alles? Sag!
um die Architektur der Schatten zu begreifen,
das Pulsieren der Zeit auf ihren Ebenen,
und zu erahnen, was immer schon
das Größte wie Kleinste im Innersten zusammenhält.

Existenz

17.12.2020

Ich,
Körper,
Hülle,
Fleisch,
laufe,
höre,
schmecke,
schnaufe
beschwere einen Stuhl,
ist das alles?
Ein Loch, ein Nichts
mit eingeschraubter Seele,
oder herausgefräst,
aus Holz? – Urgestein? – Watte?
Wo steckt I c h darin?
Ich – Seele, ich – Denke, ich – Ich ?
Habe hier eine Passage gebucht,
doch die Destination vergessen,
Das Ich – Ich tropft derweil
unten zu den Füßen heraus,
Ich lecke, verliere Öl, kann wer nachfüllen?
Wo ist eine Scheiß-Ich-Tankstelle?
Wenn alles rausgelaufen ist,
im Sand versickert,
(– Bodenverunreingung! Umweltsünder! –)
dann … ja, was?
Wie viele von meiner Sorte stecken
zu Sandkörnchen geronnen im gleichen Schlamassel?
Sandkörnchen! Das wäre schließlich noch was!
Aber das?

Ein Rätsel

19.3.2015

Sein Revier ist nicht groß
sein Revier ist nicht klein,
doch für mich reicht es eben so.
Es kann mehr im Kopf
und auch im Bauch sein,
oder noch anderswo.

Es kann dir vor Augen
Schlösser erbauen
und es kann Salto aus dem Stand,
Oft kriegst du es
um die Ohren gehauen,
oder du setzt es vor die Wand.

Auch fliegt es mit Betten
es bohrt sich durch Berge
und überschlägt sich noch,
es gebiert dir
vier Meter große Zwerge
und versteckt sie im Schlüsselloch.

Dem Kaiser zieht es
die Kleider aus
und dich zieht es hin zu der Maid –
die bleibt trotzdem
eine graue Maus.
Nur hast du sie leider inzwischen gefreit.

Und wenn es dann dringend
aus dir spricht:
Was ist das, was zwickt mich in die Glieder?
Dann muss ich dir sagen:
Ich weiß es nicht!
Doch schau: Da kommt es schon wieder!!

Ich bin zwei

29.12.2020

Ich bin zwei
oder mehr,
Esse die Luft
und atme die Stunden
Türen wie Fenster
unverbunden
schweben, klappern
von rechts nach Nichts
in Regionen
durchscheinenden Lichts.
Das Es zieht fordernd
die Stirne kraus
und vergisst sogleich wozu.
Tonleitern
toben sich atonal aus,
malen kommende
Vergangenheit aus
und Pluto der Höllenhund
gibt keine Ruh.

Dort, meine Hülle,
kann ich noch spüren
oben darauf pulsieren
die Adern der Zeit,
und innen grast seit Ewigkeit
mein Lebenstraum,
er erinnert sich kaum.

Eine Attitude meiner Hand,
als Ablehnung verkannt
und alles wird Schaum,
zu Asche verbrannt.
Doch aus dem Nichts mit der Zeit
knospt neue Möglichkeit.

Kleine Welten

10.6.2017

Kleine Welten in dem großen Ganzen,
umkreisen sich selbst,
zirkeln höchsteigene Bahnen
ins Raum-Zeit-Kontinuum,
bis sie vollendet
an der Unendlichkeit verdunsten.

Und dennoch brennt eine jede
das Abbild ihrer Vergänglichkeit
ins wesenlose Feld der Schöpfung,
ein einzigartiges Lesezeichen,
doch für welchen Schriftgelehrten?

Kugeln aus Sternenstaub kreieren Systeme,
Trabanten und Untertrabanten,
die nach dem Kursbuch ihrer Seelen,
vorherbestimmt verkehren.
solange ihre Zeit existiert.
Wir sind wie alle:
Schöpfer und Herrscher,
aus jenem einzigen Punkt bestehend,
dem unerkennbar irritierenden,
für den nur Mathematik eine Chiffre hat
und der sich das Leben nennt.
Wo größte Ferne und winzigste Nähe
einander küssen.
Ebenda wohnt Gott.

Ob oder nicht.

12.3.2016

Wert – ohne Wägen,
Sinn – ohne zählen,
wenn und nicht wenn –
oder beides: Zen.
Kann Koan.
Hört auf /fängt an,
plant ohne Plan,
Wahn-sinnig klar,
klarsichtig blind,
Ahne oder Kind,
die beides sind,
oder von beidem keines.
Kleines
wie Großes
sind eines.
Zweifel, ob das
oder überhaupt etwas
ist,
wer weiß es?
Glaubt's?
Und wer glaubt es nicht,
meint etwas zu wissen?
Hat die Fessel
– vielleicht – schon zerrissen?!
Wem gleichermaßen
Beginn wie Ende,
– Zukunft wie Wende –
sich gültig erhebt –
– der lebt!

Partnerschaft

Partnerschaft

Alte Blätter

26.10.2016

Die Blätter welken – zum wievielten Male?
Auch die Erinnerung wird langsam grau,
seit ich laut dem Familientribunale
getrennt, geschieden bin von Haus und Frau.

Ihr Lover war eine Krämerseele
mit pubertärer Sexualität –
– vergleichbar eher einer Hydrozele,
nur: die OP für ihn käme zu spät!

Dass es mich fast zerrissen hätte,
als sie dann ging, kann ich nicht verstehen.
Treff' ich sie in einer Tagungsstätte,
versuche ich jetzt, nicht hinzusehen.

Nur eines kann ich nicht verwinden:
Sie ließ unsere Träume trostlos sterben
um wohlfeil – sie nannte es: Glück zu finden,
dabei ging's nur darum, etwas zu erben.

Ich will den Traum in die Kiste legen
und draußen, fern im Wald vergraben.
Und sollte sich mal das Gedenken regen,
nur den Duft noch davon im Riechkolben haben.

Dreimal

26.5.2021

Dreimal wurde mir Liebe gegeben,
ich trage sie alle noch immer in mir,
dreimal genug für ein ganzes Leben.
Und ist vergangen, was will ich noch hier?

Ich sollte in anderen Gärten wandeln,
wo das Vergangene weiterlebt,
Was nützt mein Bemühen und mein Handeln,
wenn das Herz woanders hinstrebt?

Eine Verwundung bleibt eine Verwundung,
die nur oberflächlich heilt
und bricht aus dem Herzen heraus ein Stück.

Dreimal erhoffte ich mir Gesundung.
Ich habe mein Leben mit ihnen geteilt
und dreimal erhielt ich nichts zurück!

Ehe du gehst

9.5.2005

Ehe du gehst: Einen Beutel schenke ich dir,
abgewetzt, ich trug ihn täglich bei mir.
Darin ein verwundetes Tier aus meinem Garten
und Träume, die vergeblich auf morgen warten.

Nicht angekommene Berührung deines Gesichts,
die Zeilen eines nie geschriebenen Gedichts,
sowie das Zutrauen. Es wurde dir zur Last.
Du findest es, zwingt dich einmal die Zeit zur Rast.

Ein Weißt-du-noch schläft auch auf seinem Grunde,
die Almenwiese, jung der Mai, die Stunde,
die wortlos in Verzauberung verging,
Furcht zu vergehen, die an den Gräsern hing!

Ich packte das Lächeln ein, das uns erhellte,
das Schweizer Ferienhaus, der erste Schritt,
als unser Kind sich auf die Beinchen stellte.
Der Himmel funkelt in Verzückung mit!

Die Rosenfensterbilder liegen dazwischen,
im Frühjahr prangte üppig ihre Pracht.
Darin ihr drei. Die Grenzen wollten verwischen.
Hatte die Zeit einen Bogen um uns gemacht?

Du segelst jetzt davon auf fremden Flüssen,
die Nüstern, von Begehren weit gebläht.
Doch solltest du künftig je dein Land vermissen,
treibst du flussab und zur Umkehr ist es zu spät!

Ein Stück von meinem Herzen

23.9.2020

Als wenn's ein Stück von meinem Herzen wäre
oder am cruz de ferro dort mein Stein,
den ich da hinterlegte, dir zur Ehre,
ein Span des Kreuzes könnte nicht heiliger sein.

In der Sekunde, da du gegangen bist,
erloschen auf den Wegen Richtung und Licht.
Das Land rundum versank verlassen und trist,
und ich erkannte mein Bild im Brunnen nicht.

Das dunkle Tor eröffnete sich einen Spalt,
wo alles ewig oder gar nicht währt:
allein die Zeit gab mir im Stolpern Halt,
bewahrte vor dem Abgrund mein Gefährt.

Moment, endlos gedehnter, halte an!
Leite den Blick hinaus ins zeitlos Leere,
wohin das Grauen mir nicht folgen kann,
wo sich das Sehen in Verzeihen verkehre.

Familienfest

28.7.2017

Und alle kamen auf seinen Ruf!
Vom Norden, Süden und von nebenan,
um gemeinsam dem rüden Regiment der Zeit
ein Schnippchen zu schlagen,
zeitlos Erinnerung zu generieren.
Ein Zirkel von Zugehörigkeit
jener, die sich wichtig waren und fragten,
ob sie sich in solcher Runde je wiedersähen.

Unsichtbar gehalten
in den Armen alter Liebe,
jene, die nicht mehr sind,
wie du, mein Bruder –
Bist du jetzt Asche?
Oder freier Geist in einer freien Welt,
die für dich sicher voller Melodien ist?

Besinnung auf geschwisterliche Nähe,
über Entfernung oder Zeit hinaus,
Raufen um die Zukunfts-Pläne
im Verbund mit dem, was war und ist,
wo fiele es leichter die Herzen zu entleeren?
Sie tafelten gemeinsam, schwelgten in der Fülle
– und wäre es nur trocken Brot –
sie nährten sich doch vom selben Laib.

– Das Fest vorüber, die Anrührung vorbei,
die Abschiedstränen der Alten
an der Haustür weggedrückt,
dann greift die Zeit nach ihren
üblichen Opfern wieder.
Nur eines, das erringt sie nie:
die Herrschaft über die Erinnerung!

Verlieren

12.5.2017

Sie hatten sich beim Navigieren geirrt
und wurden auf fremde Meere getrieben.
Viel Sonne war auf die Wolken projiziert,
doch Wind kam auf und ließ sie zerstieben.

Die Segel gemeinsam einzurollen,
das wär's, als der Sturm die Reise bedrohte.
Sie hätten bedenkenlos zupacken sollen,
sie saßen schließlich im gleichen Boote.

Und hingen jetzt nur an der Reling im Tran.
Sie blinzelten fassungslos ins Licht,
als Blitze einschlugen nebenan,
erkannten trotzdem das Richtige nicht.

Sie sagten noch, als die See sie bedrängte,
»Mach du's! Ich bin zu Besserem erkoren!
– Da brach ihr Schiff, das Lasten-behängte.
Und beide hatten ihr Obdach verloren.

Santiago

Der Weg nach Santiago

Sa. 5.9.2015

Weg, Weg …
Steine, Schluchten,
Hohlweg,
lehmgepflastert,
Blumenhänge,
Regenfurchen,
Weg, Weg …

Längs die Straße,
Sonnenhitze,
Weggefährten kreuzen,
»Buen Camino«
gelbe Felder,
Weg … alleine.

Rot der Osten,
grau zum Blauen,
Morgen! Berge,
Hügel, Hänge,
Almen …
Welch ein Weg!

Kathedralen,
Kirchen, Plätze,
fast verwischte
Muschelzeichen,
Bergkapellen,
bröckelndes Bruchgestein,
Kinder bieten
Fruchtgetränke
geben Spende,
graue Eichen seitwärts,
Weg, Weg …
und der Wind!

Santiago in der Ferne.
Lockende Belohnung –
Weihrauchkessel,
Mystische Erfahrung –
Ist es das?
Oder du!
Weg … Weg …!!

Die kleinen Dinge am Weg

10.8.2015

Es sind die kleinen Dinge am Weg,
nicht Bergpanoramen und Nebeltäler,
kein Festtagshimmel mit Goldbesatz:
Nur eine rostbraune Raupe,
die über den Lehmweg buckelt –
ob sie noch jung ist? Eigentlich können
nur Kinder so verstrubbelt aussehen!
Oder die Eidechsen am Mauerwerk von Orrison:
kleben dort in der Vormittagssonne,
und ich – zwei Stunden Aufstieg in den Waden –
sehe sie just die Wand nach oben huschen,
als knipsten sie die Schwerkraft aus!
Auch die Erikakissen seitlich am Weg,
wer hat sie gepflegt?
Die Schafe ebenso,
dicht gedrängt am Gatter in der Kurve,
Köpfe auf die Rücken der anderen gelegt,
schauen sie mit absolut leeren Augen
bergwärts den Pilgern nach!
Ob sie sich wohl über uns amüsieren?
Und dann die Steine!
Vielförmig und -farbig
in den ausgewaschenen Rinnen
auf ihrer gegenläufigen Reise zu Tal.
Woher sie gekommen sein mögen?
Das Wasser hat sie und meine Gefühle
längst rund geschliffen unterwegs,
passend für jenes kleine Guckloch
in andere Sphären.

Die Wand mit dem einzigen Tor

Palas de Rei 7.9.2015

Es steht eine Wand mit dem einzigen Tor,
daraus treten leiblose Schatten hervor;
Sie haben nicht Name, nicht Form und Gestalt,
doch von der fremden Seite Gewalt.

Nicht Hoffen und Bitten durchdringt ihre Nacht,
sie sind von ehernem Stoffe gemacht,
verhüllen mit ihrem Odem das Licht,
erdrosseln den Tag und die Zuversicht.

Vergebens zu leugnen und Burgen zu bauen,
sich wohlfeilen Predigern anzuvertrauen,
vergebens zu fliehen und Feuer zu zünden,
der Weg wird doch in das Dunkel münden!

So sei es denn, Schatten! Ich nehme euch an,
ich ende dort willig, wo alles begann.
– Und mit einem ersteht die heilige Stille,
birgt mich sorgsam sein großer Wille!

Du bist da Camino-Sonette,

Santiago, 5.9.2018, 4 h

Du bist mein Morgen, bist mein Abend,
du bist mein Licht, meine tröstliche Nacht,
bist der mich lachen und lauthals singen,
du bist sogar, der mich weinen macht.

Du hast mir Kinder und Freunde gegeben,
du gabst mir Freude, gabst mir die Tat,
du schenktest Eltern und auch Gefährten
und nahmst sie wieder nach deinem Rat.

In jedem Lied, das mich beschwingt,
fühle ich hier dein ordnendes Walten.
Im Ärger selbst, in meiner Wut
und wenn Verzweiflung mich durchdringt,
hast du die Hoffnung aufrecht erhalten.
Du bist da, und alles ist gut!

Finisterre

Camino-Sonette 2.9.2018

Die Wasser strudeln am Felsenstrand,
die Sonne flittert über das Meer,
Sie sitzen, die Pilger, am Klippenrand
und kamen so weit von überall her.

Sie wollen die Sonne versinken sehen,
und mit ihr verblassen der Weg und der Traum,
Die Seele jedoch möchte weitergehen,
hinaus über den begrenzenden Raum.

Ihr Träumer vom Wege, so träumt doch weiter,
gestaltet die eigene Wirklichkeit!
Die Wahrheit zu finden ist nur Illusion,
doch Liebe sei euer Lehrer und Leiter.
Sie steigt herab aus der Ewigkeit
und erteilt allen Suchern die Absolution.

Ihr, die nicht mehr seid

Camino-Sonette Finisterre, 3.9.2018

Ihr, die nicht mehr seid, ich trage euch in mir,
ich fühle eure Hand auf meiner Schulter liegen
und will mich diese Welt mit ihrer Last verbiegen,
dann richtet ihr mich auf, ich danke euch dafür!

Dank für die Sorge, die ihr mit getragen habt,
den unliebsamen Spiegel, wenn es nötig war,
die Treue und Beständigkeit so manches Jahr,
die Richtung, die ihr mir durch euer Beispiel gabt.

Nun wandere ich schon lange meinen Weg alleine,
ich steh' am Ende – finis terrae – dieser Welt
und lausche über meine Fragen in den Wind.

Ich fühle die, die nicht mehr gegenwärtig sind
und dass mich ihre Nähe weiter aufrecht hält,
bis ich im Unsäglichen mich mit ihr vereine.

Sie werden es nie begreifen

31.12.2021

Die Pagoden in goldenem Überschwang
an den Mekongufern in Luang Prabang,
wo das Willkommen für jeden wohnt
und Buddha in erhabener Ruhe thront.

Im Hindutempel, die Säulen schwer,
dort mit Gott Shiwa in Begegnung,
fragte der Priester freundlich »Woher?«
und spendete uns eine göttliche Segnung.

Auf Matchu Picchu im Inkaland
fand oben die heilige Handlung statt:
Die Schamanin im steinernen Unterstand
überreichte jedem ein Cocablatt.

Doch Pfaffen werden es nie begreifen:
Santiagos Bänke dicht gefüllt,
viele Sprachen, die die Ohren streifen,
und alle Pilger offen, gewillt,
die Einladung dann zur Kommunion,
jetzt sollte ein Stück der Einheit glücken!
Doch in verstockter Tradition
tönte es: »Aber nur für Katholiken!!

St. Jakobs Hochaltar

13.9.2015

Deine Schultern sollten golden sein
der frommen Wünsche wegen!
Oder schwarz von so viel abgelegten Sorgen.
Oder bist du längst gegangen – warst du jemals hier?
Nur ER sagt mir, ER sei noch hier, trotz allem.

Füße haben Rinnen zu dir in die Stufen gegraben
Pilgerhände die Gitterstäbe am Aufgang blank gewetzt,
– Warum fühle ich dich nicht?
Schaut nur deine Hülle silbern
aus dem Altargepränge gen Westen?
Und die Bogengänge in der Runde
halten nutzlos Wacht?

Wenn auch nicht hier,
so eint sie doch immer noch der Weg,
die Pilger!
Wirkt seine Magie.
Wind und Sonne buken eine neue Rasse,
sie erkennen sich am Blick, auch ohne Muschel,
fallen sich im Wogen
der bunten Leiber Santiagos um den Hals,
als gelte es hier nicht zu ertrinken.

Ich werde deine Schulter, Jakob,
wohl anderswo suchen müssen:
bei den dicken Eichen Galiziens vielleicht
oder zwischen den Eukalyptussäulen vor Monte Gozzo;
alle Wellen Finis terraes werden mir die Orgel spielen
und dort oben, auf den Höhen O'Cebreiros,
IHM näher als in jedem Dom,
sollen die weißen Nebelmeer zwischen den Gipfeln
mein festlicher Fumeiro, mein Weihrauchkessel sein!

St. Marguerite

So, 16.5.2015 (›Probewanderung‹ mit Jens von Trier nach Metz)

Die Augen getränkt von Wiesen und Feldern,
dem leuchtenden Raps,
den Weg – geteilten Wäldern,
die Muschel grüßt vom Meilenstein;
Mein Blick, Horizonte absuchend,
stellt sich auf blaue Silhouetten ein.
Am Wegesrand wogen Margeriten im Wind.
Ob sie erlöste Sorgen der Pilger sind?
erblüht nun zum wirklichen Leben?
Wie zur Bestätigung, näher mit jedem Schritt,
das Orts-Eingangs-Schild »St. Marguerite«.

An einer Kapelle den Rucksack ab,
sitze auf der Schwelle.
Gegenüber im Garten an Kirschbaumästen
sprühen weiße Flämmchen hinauf ins Helle,
der Sonne entgegen gen Westen.
Wünschte beim Warten, dass es möglich wäre,
die Wege alle mit Kirschblüten zu besprenkeln,
und damit die Stolperlöcher zu füllen,
uns von den Lasten zu lösen, an denen wir kränkeln,
dass alle allenthalben nur Gutes säen!
Und dann würden alle dies Weges gehen!

Wanderers Schlaflied.

9.6.2018

Schlaft, Freunde, schlaft, denn es will dunkel werden.
Die Frösche quaken. Schlaft, die Nacht ist schwer.
Bedenkt, wir sind nur kurze Zeit auf Erden,
und morgen gibt es diese Welt nicht mehr.

Sie schläft dann traumlos einen tiefen Schlaf,
der Himmel hält zur Nacht den Atem an.
Am Sterngewölbe prangt ihr Epitaph,
und jedermann versteht, der sehen kann.

Schlaft nur, so schlaft! Seht durch geschloss’ne Lider
viel mehr als uns die Sonne zeigen kann.
Die Tage trällern ungereimte Lieder,
das wahre Sehen fängt im Dunkeln an.

Schlaft weiter und erahnt in eurem Traum
die allumfassende Verbundenheit,
den Schimmer vom verdeckten Spitzensaum
unserer göttlichen Unendlichkeit.

Vielleicht, dass ich wieder wandern muss!

21.-23.9.2015

Werde ich sein, wenn einmal mehr
das Jahr den Zyklus rundet?
Wenn im Wald die Anemonen
von Neuem die Sternaugen öffnen
oder die Wildgänse langen Halses
den Rheinauen entfliegen?
Da sein, ein Neues, ein Nächstes,
wie viele Male noch?!
Blasser sind die Gestirne hier
als in der Sierra,
und emsiger kriechen die Finger
der Zeit über das Zifferblatt.
Ich spüre ihr Keuchen im Nacken.

Denn ich war einmal bereits
herausgetreten aus meinem gewohnten Set,
schaute von oben,
hoch vom Rang eines neuen Theaters
auf den alten Spielplatz herab;
fremdele jetzt merklich
mit meiner angestammten Nisthöhle.
– Wegweiser sind mir vertrauter.

Vielleicht dass die Schwerkraft
inzwischen an Anhaftung verlor.
dass der Morgen woanders frischer riecht;
oder buckle ich hier mir zu viele Bündel auf?
Vielleicht hält die Ferne
dem alten Zirkusgaul lediglich
frische Mohrrüben unter die Nase,
dass er unruhige Hufe bekommt,
auch wenn das Kauen und Schlucken
wohl überall das Gleiche bleibt …
Vielleicht ist es nur,
dass ich wieder wandern muß …!

Wanderung

Trier 14.5.2015

Wandern willst du, sagen die Schuhe?
Schau was deine Füße dazu meinen –
wir sind bereit;
wie der Weg und der Himmel,
die Rapsfelder und die Chausseebäume,
das ganz Ensemble.

Zu dir finden? Sagt der Geist,
wie denkst du dir das?
Wie Landkarten lesen?
Oder Muschelschilder begucken?
Meinst du, es läutet zwangsweise,
wenn die Erleuchtung vorbeikommt?

Umfassen, meint die Seele,
die Arme ausbreiten,
bis Federn aus den Fingern wachsen
und du, kleiner Vogel,
flugs dem Käfig entfliehst?
Unterwegs wirst du jedem
ein freundliches Tirili
ins Gemüt zwitschern,
wirst goldene Münzen
aus deinem Tresor auf die Wege säen,
damit dein Reichtum endlich nutzvoll
zu mächtigen Bäumen heran wächst
und köstlichen Schatten spendet
unter der Mittagsglut.

Und wenn alles verstreut ist,
alle Geheimverstecke geleert,
wirst du zufrieden
unter eben diesen Bäumen liegen,
un-bestehlbar reich,
und dann werden deine Füße wie von selbst mit dir
zu neuen Wundern weiter wandern wollen.

Weg und Geschick

Camino-Sonette O'Pedrouzo 28.8.2018

Ich bin der Weg, ich bin die Stille,
Geruch von Grünem und von Staub,
ich bin dein wandelbarer Wille,
bin unter dir das tote Laub.

Wie willst du deine Wege laufen?
Soll es geduldig, freundlich sein?
Willst du in Wut das Haar dir raufen?
Am Ende holt dein Weg dich ein.

Wo immer deine Füße gehen,
die Erde trägt's mit kühlem Mut
und zahlt dir Maß um Maß zurück.

Geh weiter, bleibe niemals stehen,
vertrau' dem Weg und es wird gut!
So wird aus deinem Weg: Geschick.

Sein und Schein

Bunte Seifenblasen

28.5.2016

Eins und zwei und vielerlei,
rund und bunt, fliegen vorbei,
fangen Blicke, zeugen Träume,
schweben in die Fliederbäume.

Sehnsucht nach – ich weiß nicht, was,
blubbert aus dem Seifennass,
Kinderlachen hängt daran,
ob man es berühren kann? –

Wenn sich Hoffnungen verdichten,
Märchenschlösser zu errichten,
Zaubergärten, Weltenbühnen,
die uns längst verloren schienen,

blüht die Ahnung wunderweit,
verhält den Atem, stockt die Zeit –
Plitsch! – Zerplatzt ist die Schimäre.
als ob's nie gewesen wäre!

Das Spiegelkabinett

30.8.2019

Realität zerspringend in Fragmente,
vielgestaltige neue Wirklichkeit
im Gegenüber aus Zerbrechlichkeit.
Bruchstücke einer anderen Realität,
endlos sich wiederholend,
sich entziehend
Erwartungen weckend,
Zu Kopf, zu Füßen,
flache Räume ohne Raum,
der Blick verödet an der Ferne,
aus der Gegenwart gelockt
in eine fünfte Dimension.

Ein Spiegelkabinett gibt vor zu sein,
verschlingt die Wirklichkeit,
fälscht das Maß sich vielfach verdoppelnd,
verleitet und verwirrt bewusstes Sein.
Die Pulse frieren vor Erregung,
wollen – wohl wissend vom Betrug –
trotzdem das Fremde erleben.
Doch es ist in diesem Leben
dem Auge ausbedungen,
nur Trugbilder zu generieren
Die Wahrheit bleibt unschaubar
hinter dem Spiegelglas.

Drehung

22.7.2019

Es dreht, es dreht …
die Mühlsteine drehen, schweben
das Wasser fließt bergauf,
die Wolken stehen oder gehen,
gießen Abschied darauf,
das Sterben beginnt vor dem ersten Schrei,
noch vor dem Begehren, vor der Lust,
hast es immer gewusst!
– Es dreht. – Es ist einerlei!

Du, Bettler von gestern,
herrschst heute du?
Narr immerzu!
Bemühst dich darum
n i c h t s zu wissen – warum?
Trinkst einen auf das Panoptikum,
und taumelst zum Gehen,
glaubst an die Wiederkehr?
Gewissheit oder Mär?
Es kugelt und walzt, Fallwinde blasen,
die Horizonte verquer.
Ich will es greifen halten, und sehe:
nur eine Wand, ein Nichts in der Hand.
Oder das Alles, wovor ich stehe?
Es dreht, – mir notfalls auch den Hals herum.
Sei's drum!

Entkorkt eine neue Flasche Wein,
nehmt einen Schluck, – denn alles vergeht –
gebt mir ein Fass und schenkt mir ein,
ich weiß von allem gerade so viel noch
wie das Rund im Fass-Spundloch.
Alles tritt langsam oder schnelle
auf einer einzigen Stelle,
und hofft doch, dass es weitergeht,
unten oben wird, gestern noch morgen besteht.
Die Weltkugel dreht, der Hahn kräht.
Und heute ist alles für dich schon zu spät.

Entität

20.4.2019

Das Faktische wird im Westwind verwehen,
aus hohlem Grund wabern Nebel herauf
und Neuland wird aus ihnen entstehen,
sie heben die Fesseln der Gegenwart auf.

Es keimen zukünftige Reiche ins Licht,
der strenge Gevatter Logik erbleicht,
denn seine Gesetze taugen hier nicht,
weil kein Berechnen die Seele erreicht.

Ideen wollen zum Himmel ziehen.
Vom Frondienst gelöst, die Anker gelichtet,
lassen sie die Horizonte erglühen,
Utopien werden ins Sein verdichtet.

Ob Wirklichkeit oder Nirwana, begreife:
du bist der Schöpfer der Realität
und dass die Erkenntnis in dir reife:
Du bist ein Teil der Entität!

Flüchtlinge

18.4.2016

Ihre Augen sind von langen Wegen schwarz,
als hätten sie die Sonne dort zurückgelassen,
wo ihr Leben einst um ihre Freunde kreiste.
An den Bäumen hängen fremde Wörter
und das Zentralgestirn verbeugt sich
tiefer hier vor dem kühlen Norden.
Seitenblicke voll Verneinung
stechen in die Flanken,
zucken abwärts bei Entdeckung,
fahren alle Jalousien aus,
reichen dem Fremden weder Salz noch Brot
Nichts ist mehr so wie es war,
beobachtet ein jeder Schritt,
und selbst der Schlaf
hat seine Unschuld hier verloren.
Vom Duft der Herkunft klinisch gereinigt
bieten auch Erinnerungen keinen Trost.
Die Kälte schneidet in die Wurzeln der Seele,
bitter schmeckt das Brot der Fremde.

Et is' wie et is' Rheinische Bilanz

17.9.2020

Wenn ich jetzt einmal in mich gehe
und mich im Spiegel dort besehe,
so stell ich fest; der Lack ist ab!
Ich hab' gelebt! Und nicht zu knapp.

Und überblicke ich die Strecke,
war sie oft krumm. Um manche Ecke
hab' ich den Karren schon geschoben,
tief unten mal und manchmal oben …

Der Traum von der Theaterwelt
hat sich als Irrtum dargestellt.
Im Anschluss grub ich Stück für Stück
mit Arbeit aus: mein kleines Glück,
das in Genugtuung besteht,
wenn's den Patienten gut ergeht!
Ich wurde sesshaft, war zufrieden
und mir war Partnerschaft beschieden.

Doch löste die Gemeinsamkeit
sich hilflos auf in Einsamkeit.
Die Ähren schienen ihr anderswo
viel voller! (Doch es war nur Stroh!)

Es blieben mir, vertraut und gewogen,
drei Kinder, die ich aufgezogen
und dazu noch zum guten Schluss
ein Enkel, den ich lieben muss!

Als ich kaum noch die Richtung fand,
stand auch von ungefähr am Rand
des Wegs ein Mensch, warm und gescheit,
und teilte mit mir Zweisamkeit.

Und heute stell' ich fest, es schiebt sich
das Leben auch mit neunundsiebzig
teils heiteren, teils harten Lenzen
weiter voran, sucht neue Grenzen.

Genau besehen, summa summarum
und trotz des ganzen Lierumlarum
betrübt mich keine Kümmernis!
›Dat Leben is' halt, wie et is'‹!

Vom Anfang

19.12.2021

Es ist so eine Sache mit dem Anfang,
ein Zauber, wie es heißt, verwunderlich,
ein kapillärer Spalt
zwischen der einen und der nächsten Sekunde,
dem Noch-nicht-gewesen und dem Schon-vorbei,
wenn alle Möglichkeiten noch reizvoll verhüllt sind
und der brutalen Nacktheit der Tat danach,
solange der Meißel noch über dem Marmor schwebt,
der Hammer, bereits zum Schlag erhoben
und dem Zuschlag dann
von Wirklichkeit und Wahrheit der stofflichen Welt.
Selbst in der Lüge steckt noch diese Realität
als Aussage über den Lügner.
Einmal eingeschlagen ins Gestein der Zeit,
ist die Rune unabänderlich,
nie mehr rücknehmbar.
Im Abgrund zwischen Gedanken-Realität
und ihrem Ausdruck im Dinglichen,
in der zeit l o s e n Zeit dazwischen
wohnt reines Sein.

Von Wänden und anderen Hindernissen

24.4.2017

Manche Wände sind beständig
und du fühlst sie riesengroß,
sind erschaffen eigenhändig!
Wozu stehen die da bloß?

Manche Meinungen sind mächtig,
wenn sie noch so übel sind,
sind von Hass und Zwietracht trächtig,
drehen ihr Fähnchen nach dem Wind!

Manche Menschen vor den Spiegeln,
macht das eigene Abbild blind,
die Tabus mit sieben Siegeln
bricht das mutwillige Kind.

Können auch bei den Gefühlen,
mit sich selbst nicht ehrlich sein,
sitzen zwischen allen Stühlen
und zu Essig wird ihr Wein!

Blind und taub ist die Verblendung
und flieht ängstlich von der Klarheit.
Einzig so gelingt die Wendung:
Habt einmal den Mut zur Wahrheit!

Von dem, was bleibt

12.12.2014

Einmal war da eine Idee,
bekam Hand und Fuß,
ein schlagendes Herz und wahr!
Und meinte mit einem Mal
aus sich selbst geworden zu sein,
kümmerte sich nur um sich
und bereitete Kummer,
stritt mit anderen,
wer der Wirklichere sei!
vergaß im Eifer darüber
den Maientag und die heilige Nacht
oder den Duft eines Sommerwindes.

Nur selten schimmerte in mondvollen Nächten,
im Chaos einer Großstadt-Kreuzung
kometenhaft und wundersam
die Ahnung von Verbundenheit
mit allem Gewordenen herauf …,
um bald darauf wieder
im Staub zu ersticken, den sie aufwirbelte.
Und weiter so, ohne Begreifen …

Was bleibt?
Nicht einmal der angedachte Ton
einer Friedhofsglocke ohne Klöppel,
nicht die Schatten der Verbrannten von Hiroshima.
oder die Buchstaben der eingestampften
Gesamtausgabe einer Geistesgröße.
Doch vielleicht und trotz alledem
im endlosen Dunkel der endlosen Nacht
ein Flämmchen, eine Spur der Erinnerung
an dich
im Gedächtnis dessen,
der einst die Idee zu dir hatte.

Wartesaal zur Ewigkeit

3.1.2021

Im Wartesaal zur Ewigkeit
werden die Zeitlosen alle stumm,
sie harren vergebens der Antizeit,
doch Zeit, die's nicht gibt, geht auch nicht um.

Die Lautlosen träumen von Symphonien
und malen sich tonlos Orchester aus,
den Sprachlosen werden Wörter verliehen,
– doch kennen sich die nur mit Schweigen aus.

Die Blässlichen wollen mit Farben prangen
gegen die graue Schatten-Nacht,
die Hoffnung weiß damit nichts anzufangen.
und ihre Tat wird niemals vollbracht.

Aufbruch und werden, vergehen und bleiben,
Wirklichkeit muss du durch Handeln befrei'n
Die nur im Dunst der Möglichkeit treiben,
bringen niemals die Ernte ein.

Zusspruch

23.8.2017

Ihr fresst, sauft, hurt und scheißt auf die Welt,
sie wäre ja nur im Suff zu ertragen,
ihr meint, es gäbe nichts, was euch hält,
es hätte kein Arsch euch etwas zu sagen!?

Was Vorschrift? Was Sitte? Die Arbeit, die Qual,
die ganze, so gottverdammte Hacke,
Ihr denkt, was soll euch die Bürgermoral,
von vorne bis hinten: verlogene Kacke?

Ihr seid so frei, dass euch keiner befiehlt,
und haltet auch nichts von Staatsbürgerpflichten!
Gerechtigkeit sei, wenn man andere bestiehlt,
und keiner sollte euch dafür richten?!

Doch schlägt, wer immer auch, einmal zurück,
ist plötzlich euer Gejaule groß!!
Dann seid ihr mit einer Faust im Genick
ein elender Haufen Scheiße bloß!

Tages und Jahreszeiten

Abendruhe

18.7.2015

Abendruhe dehnt die Glieder,
alt vertraut das Himmelsrund,
dunkel fällt die Nacht hernieder,
stillt das Streben, schließt den Mund.

Die Erde öffnet ihre Fächer,
dämpft die Sehnsucht, hebt das Herz,
Labung füllt die leeren Becher
und der Blick geht sternenwärts.

Was versagt ist, was verloren,
was uns Eifer angetan,
streckt den Stachel, spitzt die Ohren:
Stille weht uns heilsam an!

Freunde sitzen in der Runde,
wärmen mich mit Wort und Wein,
schenken in der Abendstunde
das Glück mit Menschen Mensch zu sein.

Dann wuchs der Sommer

21.7.2018

Dann wuchs der Sommer aus seiner Hand!
Es war ein Werden und ein Blühen,
an Elfenflügeln schwebte das Land,
den Menschen wurde Glück verliehen.

Die Tage reckten sich im Licht
und stießen laue Nächte an,
der Wind hauchte ein Lobgedicht,
die Träume waren uns untertan.

Ein Schwelgen in der Sommerfülle,
ein Trinken ihrer Lieblichkeit,
das Reifen zur Vollendung hin.

Kehrt jetzt zurück die Winterstille,
dann haltet eure Herzen weit!
Hütet des Sommertags Gewinn!

Nachtgedicht

26.1.2020

Zur Ruhe gegangen sind Männer und Frauen,
still sind die Kinder und die Kreatur.
Warum kann ich der Ruhe nicht trauen.
dass Friede jetzt herrsche, warum denn nur?

Die Herzen, sie sollten für andere pochen,
wollen ein fremdes Leiden nicht sehen,
das Mitgefühl liegt unter Steinen begraben.
Sie möchten die goldene Straße gehen.

Sie werden niemals den Frieden begreifen,
welchen die Anteilnahme gibt.
Oben auf ihrer Kränze Schleifen
wird stehen: Ihr wurdet nie geliebt!

Schenke ein gütiger Gott uns Stille,
und Abstand von unserer Eitelkeit.
Reich' jenen Kranken die bittere Pille:
Zum Himmel ist es für euch zu weit!

Schließt nun die Augen, beschließt das Denken,
morgen erwache ein neuer Tag,
um unsere Liebe erneut zu verschenken,
Tue ein jeder, was er vermag.

November

3.12.2017

Der Tag hat sich für seine Zwecke
vom Firmament ein wenig Licht gestohlen,
die Bäume, nackt von ihre Blätterdecke,
hinter Schleiern, schamverhohlen.

Der Wind hält um ein bisschen Wärme
von der Erde seinen Atem an,
so leblos ohne Vogelschwärme
umarmt die keinen Bettelmann.

Die Freude trägt in diesen Zeiten,
nur ein löchriges Gewand,
die Zuversicht will aus der Hand entgleiten,
der Überschwang von einst entschwand.

Doch hinten, noch im Ungewissen,
reckt sich bereits das junge Jahr
aus seinem Schlaf im Nebelkissen
und macht sich langsam reiseklar.

An Christrose wie Zaubernuss
haftet letztes, tröstendes Gedenken,
Obwohl auch das vergehen muss,
will es uns doch Hoffnung schenken.

Forsythiensträucher im Revier
tragen kess, trotz alledem
an dem Geäst, unsichtbar schier,
schon ein Knospen-Diadem!

Oktoberabend

17.10.2018

Die Lampe zirkelt einen bunten Kreis
von Leben in den Samt der Nacht,
an ihren Rand gelehnt die Kletterrose,
sehr weiß in ihrer späten Pracht.

Der Tag legt ab und es bleibt nichts zu tun,
dein Geist schaut bei dir selbst herein,
du darfst gemeinsam mit vertrauten Menschen
nun stille werden, stille sein.

Die Nacht entrückt das Karussell der Pflichten,
kein Wunsch bedrängt dich in der Stille,
der Mond sieht dir versonnen zu
und niemand wird dein Handeln vorlaut richten.
Es bettet dich ein großer Wille,
legt deine Seele sanft zur Ruh'.

September geht

14.9.2014

September geht, die Sonne legt sich schlafen,
der Tag vertraut sein Licht den Nebeln an,
ein Hirte kehrt zurück mit seinen Schafen,
und nach Behausung sucht ein fremder Mann.

Wer seine Saat jetzt nicht vom Felde bringt,
darf keine Ernte mehr danach erwarten.
Es ist zu spät, wenn erst der Nordwind singt.
Der Tod fällt ein in deinen Blumengarten.

Nach innen kehrt der Blick von fern zurück,
beklommen leer, sein Kapital vertan.
Auf alles Streben nach dem nächsten Glück
steht nun dem Denken das Bescheiden an.

Oktober kommt und schreibt mit kahlen Zweigen
die vorläufige Jahres-Schlussbilanz.
Am Ende wirst du Charons Kahn besteigen,
nackt, wie du kamst, zu deinem letzten Tanz.

September, September

22.9.2019

September schon, der Sommer legt sein Schiffchen ab.
Das Jahr stieg über Mittag, seine Zeit wird knapp.
Es treibt die letzte Süße in den jungen Wein,
der Überschwang der Fülle zieht die Fühler ein.

Das Grün der Blätter hat nun seinen Dienst getan,
im Felde steht das Reifen, die Vollendung an.
Am Teiche tanzten Mücken ihren letzten Tanz,
die Sonne spendet einen letzten, warmen Glanz.

Das Hässliche wie Schöne preist die Werte ein
und in der Rechnung wird nicht ungewichtet sein,

Doch ich bin ruhig, hab' meinen Part getan
und ich steh' bei keinem um Vergebung an.

Wo ich trotz der Mühe fehlte, tut's mir leid.
Vergebt! So scheide ich in Frieden aus der Zeit!

Sommerwonnen

9.7.2020

Die Linden duften, als ob sie's bezahlt bekämen,
auch die Sonne lässt sich momentan nicht lumpen,
und die Bauern, die sich oft um Regen grämen,
sitzen tatenlos herum bei einem Humpen.

Selbst die Hunde können mit der Seele baumeln,
lassen quer zum Wege Katzen Katzen sein;
Ahornnasen, die von grünen Ästen taumeln,
und der Wind stellt seine Blas-Geschäfte ein.

Wer es jetzt nicht spürt, wie Sommerwonnen,
wie sich Lust an Lust und Liebe reiht,
wem ihr Duft den Trübsinn nicht vertreibt,
hat das Leben wahrlich nie begonnen!
Nichts ersetzt ihm die vertane Zeit!
Jetzt ist jetzt und nichts, was ewig bleibt!

Sommergefühle

17.6.2019

Der Sommer ist da
mit Sträuchern voll Beeren
Der Lindenduft will
die Lust uns lehren,

Die Ginsterbüsche
geben zur Zeit
sehr gelb an der Böschung
das Weg-Geleit.

und Bäume dösen unter
Wolkenresten
mit Ringeltauben
auf ihren Ästen.

Vergisst die Sense
einmal einen Rain,
stellt sich dort rot
der Klatschmohn ein,

der verwegen blüht,
mit Rosen um die Wette,
als ob er Feuer-
wasser getrunken hätte.

Ich sitze allein
in der Mittagsrunde,
schlage Wurzeln für
eine Weltsekunde.

Die Ahnung um's Sein
weht mich an,
viel mehr als durch Worte
man wissen kann.

Sommergefühle und Weisheit

25.6.2020

Sommer ist's! Die Mädchen sind doch süß!
Die Röcke wedeln leichthin um die Waden.
Lindenbäume duften Paradies.
Drüben weiß ich einen See zum Baden.

In den Weißdornhecken zetern Spatzen,
das Licht hat weißen Zauber aufgelegt,
Fichtenzweige haben grüne Tatzen,
lassen das Gefühl nicht unbewegt!

Weisheit sollte doch das Alter bringen!
Unberührt von Duft- und Blick-Verführung,
zöge Gleichmut in die Seele ein, –

doch dies Liedchen werde ich nie singen,
schwelge in des lauen Wind's Berührung!
Weise werde ich wohl niemals sein!

Sommeridyll mit Einschränkung

8.7.2017

Die Schwebefliegen mit Flügeln aus Tau
schaukelt im Sonnenschein auf einer Rispe,
vom launischen Wind ab und zu geneckt –
den Spatzen ist von der Wärme ganz flau,
die Lilien haben gelb ausgesteckt.

Die Frösche im Teich sind zu träge zum Quaken,
– null Bock auf lautstarke Konkurrenz! –
Der dicke Koi schlägt einen Haken,
ist lange schon nicht mehr in seinem Lenz,
schaut oben, ob ihm ein Mensch begegnet
und ob es dann eventuell Futter regnet.

Und wie die Rosen unglaublich blühen!
Es leuchtet ihr Stolz dem Himmel entgegen
wo Wolkenwesen gen Osten ziehen –
spendet dort nicht ein Buddha uns Segen?

Es juckt mich kein einziger Wunsch in der Nase,
nur durchs Geäst ein paar Sonnenstrahlen.
– Vielleicht aber doch etwas Kühles im Glase
vom blonden Getränk, dem nationalen??
Nur – wenn ich es holen gehe, dann macht
mich das augenblicklich wieder schwitzen.
So bleibe ich eben in all dieser Pracht
zwar faul, aber leider trocken sitzen!

Sonntags

5.9.2021

Sonntags hält die Welt den Atem an
und die Stille knistert in den Ohren,
nur ein Kinderlachen dann und wann,
denn der Alltag hat sein Recht verloren.

Wer jetzt hetzt, der hat es nicht begriffen,
muss wohl eine Spanne älter werden.
Jeden hat die Zeit noch rund geschliffen,
nutzlos bleiben die Protestgebärden.

Frieden, sagt der Tag. Die Bäumen recken
sich schläfrig zum verträumten Himmel auf,
auf den Weihern dösen Enten ein.

Keine Sorge kann mich jetzt erschrecken,
Leben lässt dem Leben seinen Lauf!
– Könnte es nicht immer Sonntag sein?

Winterbeginn

20.-29.12.2019

Ein lichter Saum betaut die kahlen Äste,
von oben drückt der Himmel zeitlos grau,
geleert die Flur und fort die Sonnengäste,
der Sommer schläft nun tief in seinem Bau.

Die Weidensilhouette träumt am Fluss
von Sommerwärme und von Vogelbesuch,
trotzt noch ein Weilchen dem gewissen Schluss,
die Wiesen weben weiß das Totentuch.

Der Lauf des Jahres kommt zu seinem Ende
und klappt sein Bilderbuch verneinend zu.
Die Sonnenuhren bringt er kühl zum Stehen.

Der Winter schließt mich ein in dunkle Wände.
Der Bach, der See erstarrt in eisiger Ruh'. –
lässt doch die Hoffnung niemals ganz vergehen!

Tod und Leben

An meinen Bruder

3.10.2019

Junge, du fehlst! Wie konntest du jetzt schon gehen?
Es war noch nicht an der Zeit deinen Platz zu räumen!
Du warst ein Stück der Welt, von mir aus gesehen.
Ohne dich fällt es mir schwerer, jetzt zu träumen.

Wir hatten unterschiedliche Weisen zu laufen,
ich musste mitten hindurch, du außen herum,
das Leben ließ uns keine Zeit zum Verschnaufen,
doch keiner nahm des anderen Eigenart krumm.

Nun bist du fort, mir bleiben nur stumme Bilder,
schwarz/weiß vergilbt oder bunt auf verblasstem Papier,
mit dir und der Geige, deinem Instrument.

Auf deinem Totenacker stehn nicht mal Schilder.
Ich trage dich sorgsam geborgen daher in mir.
Ein Leben verglühte klammheimlich am Firmament.

Das Ende

18.7.2017

Welcher Wahn wird wohl das Leben enden?
Muss zuerst die alte Erde kochen
muss das Brot verfaulen in den Händen
und die Brut verderben in den Wochen?

Die mit ihren aufgerafften Gaben
keinen Nächsten, noch die Erde sehen,
die die Brunnen zugeschüttet haben,
glauben die, sie würden nicht vergehen?

Jeder Schluss verheißt auch einen Anfang,
nur das »Weiter-so« weiß nichts davon,
und die Eigensucht im stumpfen Drang
überhört den zwölften Glockenton.

Wenn die Vögel tot vom Himmel fallen,
das Vergessen Mensch und Tier begegnet,
wenn die Berge von den Klagen hallen,
– ob es dann bei ihnen Einsicht regnet??

Arabesque

12.9.2019

Sind Regenbögen giftig?
Krümmen deinen Blick,
drehen den Nacken dir um
vor dem Abtritt ins Unwägbare –
Lauern da gelbe Ungeheuer herum
seitlich der Trampelpfade?
Kriechen näher, trotz der Scharade,
kratzten im Ohr an den Stolpersaiten,
breiten Alarm in der Paukenhöhle aus.
Sind schon wieder raus,
ab durch die Mitte.
Sollte ich folgen? – Bitte?
Siehst du das Hochseil zwischen den Wolkenhörnern,
spring auf, das ist hinzukriegen,
du wolltest doch immer fliegen?!
– Ist kein Netz darunter! –
Wenn schon! Risiko macht munter!
Die Spanne da vorn von Horn zu Horn,
und dazwischen das längliche Loch.
Mehr gibt es nicht.
Du fragst: Oder doch?
Du kannst nur das Eine: Fallen!
Für dich alleine!!
Glaube' mir, so geht es allen.

Sollte ich in der Luft
noch eine Arabesque drehen
um den Aufschlag zu überhören?
Würde das stören?
Wenn ich schon darauf steige,
dann will ich alles, auch die Neige,
ist doch Meines irgendwie, irgendwo.
Und es gehört sich so.
Vielleicht dass vom Fallen
die Luft für ein Weilchen
im Wirbel die Büsche bewegt,
dem Reisenden über die Hände fegt,
der verwundert fragt: Ist da wer oder was??
Falls er überhaupt eine Ahnung hegt.
Und dann – war es das.

Der dunkle Engel

25.1.2019

Ein dunkler Engel blickt über das Feld
und hält den Toten steinern die Wacht.
Vergangen das Ansehen, ihr Tun in der Welt,
die Zeit hat alles zum Ende gebracht.

Windböen fleddern den dürren Strauß,
den jemand aus Pflicht dort hinterließ.
Längst ist vergeudet in Saus und Braus
das Erbe, das Haus, das goldene Vlies.

Der Hauch ihrer einstigen Existenz
möchte noch einmal das Leben erreichen,
steigt in die Luft und heult im Wind,
doch jene, die vor uns gegangen sind,
werden bald auch im Gedenken erbleichen.
Den Heutigen einzig schenkt sich der Lenz.

Der Lebensbaum

11.8.2017

Mit verzweigten Wurzeln steht versonnen
der Baum des Lebens in Erinnerung,
als habe er es eben erst begonnen,
als sei der Zeitenlauf ihm ganz zu eigen,
und das Sterben bloß ein vager Traum.
Die Hoffnung hisst mit weißem Blütensaum
ihre Wimpel an den alten Zweigen.

Die Sonnenstrahlen brüten neue Triebe
und brannten auch die Illusionen fort:
Das Glück, es könnte doch von Dauer sein!
So viele bunte Schmetterlingsbesucher
flohen in Verlauf von diesem Ort
und stellten sich doch alle wieder ein,
denn nie versiegen Zuversicht und Liebe.

So steht er aufgerichtet auf dem Anger,
heißt seine Früchte an den Ästen reifen
und hält getreulich seine Krone hoch.
Stellt dann der Herbst die Sonne an den Pranger.
Er lässt im Wind die Blätter schweifen,
als ob sie jetzt das Dasein erst begreifen!
Und tief im Stamme raunt's: wie lange noch?

Der Tod im Tal

(Flug Muscat-Ffm) 10.10.2014

Am Tag, als der Tod in das Tal kam,
waren die Winde leise und klein
und an den Felsen blühten die Immortellen.
Der Habicht kreiste um seinen Horst
und der Morgenhimmel glühte violett.
Nur Rachel, die Sonderbare,
ruhte schon lange nicht mehr.

Tropfen für Tropfen fiel es von den Blättern,
tränkte die Kresse und den Giersch so lange,
bis zwischen gezackten Wipfelkämmen
die ersten gelben Strahlen blitzten.

Der Tod kam gemächlich aus der Sonne
und kratzte sich zwischen den Schenkeln.
Irgendwo jaulte ein Hund, und die Schwalben
zogen hoch oben ihre Kreise
als flinker Tod für Mücken und Käfer.
Doch er kam nicht für die Mücken ins Tal.

Eigentlich stand der Weizen zu gut,
es knisterten seine Halme bedenklich
und mittags entflammte ein ganzes Feld.
»Das kommt schon mal vor«,
sagten die Bauern, und hackten weiter;
Später fielen die Kühe zu Boden,
begruben die Melker, verschütteten die Milch.
Die Sonnenkugel war weiß und klein
und die Schatten verkrochen sich dicht
unter ihre Spender.
Und Rachel fragt sie: Merkt ihr's denn nicht?

Der Tod lümmelte auf einer Bank
und zählte die Namen auf seiner Liste;
Zwölf schlug es vom Turm und schreckte die Krähen hoch.
Die Frauen begannen zu tuscheln und zischen,
denn sie – wie immer – zuerst
bemerkten den fremden Geruch und erstarrten.
Rauch hing nicht ferne über dem Feld.
Da wurde das alte Blut an ihren Händen
flüssig und wieder rot und alle sahen es,
jeder mit seinem eigenen Erschrecken.
Der brandige Hauch trieb die Feldmäuse durch das Dorf.
Und Rachel hob das Tuch vors Gesicht
und wusste: Es kommt das Gericht!

Der Tod saß gekreuzten Beines
noch immer auf seiner Bank.
Kein Gräberaufbrechen, kein Türmewanken,
doch hinter seiner Lehne standen jetzt,
hohlen Blicks und zerlumpten Fleisches
die Vielen, ohne Erbarmen dahin Gemeuchelten,
trugen – den Bewohnern zum Zeichen –
vor sich auf den Armen die zerschlagenen Glieder,
durchstochenen Herzen, die erwürgte Qual
von all den vielen, lebendigen Leichen.
Die Mahnerin Rachel floh panisch aus dem Tal.

Da hob der Tod seinen rauchigen Mantel
und schlug einen feurigen Kreis in der Runde
und alle, die Felder, die Menschen, die Häuser
gingen im rasenden Rot zugrunde.

Über das Jahr aus verbrannter Erde
sprossen Hoffnung und Feldblumenflor,
erlöst von allem, was einmal im Tal
Unschuld und Liebe und Leben verlor.

Der Untergang

31.3.2020

Und wenn sie nun ein Ende fände,
die Welt zum Schluss gekommen wär',
was bliebe dann? Nur leere Hände? –
Dann war dein Leben längst schon leer!

Und darum wär' es auch nicht schade!
Ein himmlischer Ich-Weiß-Nicht-Wer
schickte dann die ganze fade
Bande ab ins tote Meer!

Du glaubst, du würdest viel verlieren?
Was nimmst du auf die Reise mit??
Was bliebe dir von allem schieren
Gold auf deinem letzten Ritt??

Komm schon und hab' dich nur nicht so!
Sooo wichtig sind wir alle nicht.
Der Tod – von Rom bis Idahoe –
hat überall nur e i n Gesicht!

Ich hab' gelebt und hatte Spaß,
hab' meinen Karren brav gezogen
und selbst verdient, das was ich aß,
mir ward kein Reichtum zugewogen.

Und dennoch war ich niemals arm:
Die Menschen waren mein Besitz
und ihre Liebe hielt mich warm
trotz Frust und Fron und Aberwitz!

Die Sonne scheint, was will ich mehr?
Ich bin noch hier, gesund und munter,
so kommt die Wahrheit schlicht daher!
Der Himmel fiel noch nicht herunter.

Wenn's nicht mehr geht, – dann geht's nicht mehr
zum Ende wird es umso bunter!
Nur Narren fällt der Abschied schwer,
Ich geh' zu neuen Ufern unter!

Der zwölfte Ton

27.1.2016

Der Würdige trägt schweres Rot,
der Tag bemüht sich um die Macht,
die Eule raunt in schwarzer Nacht,
die uns mit Ewigkeit bedroht.

Die Säulen kennen keine Lieder,
die Tempel stehn in ödem Land,
auf Winter kehrt kein Frühjahr wieder,
die Bäume rundum abgebrannt.

Die Säulen und die Würde fallen,
wenn der zwölfte Ton erklingt,
wenn die letzte Frist bei allen
ihre schwarze Sense schwingt.

Die Kerze

20.9.2020

Du, der Du Feuer bist und Elegie,
lass meine Lohe ein Weilchen noch leuchten,
ein Hoffnungsschimmer denen, die nie
im Dunkeln das Ufer sonst erreichten.

Ich möchte ihnen Wärme spenden,
die frieren in unserer kalten Zeit,
lass das Wachs der Kerze nicht enden! –
Doch ich bin auch zum Gehen bereit.

Beschirme durch deine Güte den Docht,
dass meine Flamme nicht flackert im Wind,
Du hast das Werden einstmals vermocht.
Wenn Tag und Stunde gekommen sind,
lass mich das Ende nicht erflehen,
beschließe mit sanfter Hand mein Tun
und heiße die andere Straße mich gehen
noch vor dem Gedanken auszuruh'n.

Die Reise

20.9.2018

Vom Ufer lösen sich die Taue,
noch eh' ich reisefertig bin,
weiß nicht, wenn ich aufs Wasser schaue,
wo geht denn meine Reise hin.

Das Alte ist noch zu vertraut
und hält mich mit Gewohnheit fest.
Doch Steg und Weg sind abgebaut,
ein Tor schließt sich, das mich entlässt.

Bin ungeübt, das Schiff zu lenken.
Im Bangen zwischen hier und dort
lass ich mich auf das Wagnis ein.

Nur eines will noch Hoffnung schenken:
Dort drüben existiert ein Ort,
da werde ich willkommen sein!

Eisgrauer Vogel

Eli, 24,11,2020

Eisgrauer Vogel
hat kein Nest,
Will wieder fliegen,
doch wohin?
Ob ihn die Luft
gewähren lässt,
ziellos zu schweben
ohne Sinn?

Betagte Bäume
recken die Zweige
nach dem letzten
goldenen Strahl.
Doch die Wolken
trinken die Neige,
befinden; genug war's
für dieses Mal!

Geschäftiges Leben
will sich nicht mehr erheben,
gibt klaglos zurück
seine Macht.
Es öffnen die Türen,
die einwärts führen,
Dann senkt sich umfassend
nieder die Nacht.

Es dreht

3.1.2019 Franziskushaus (M. Menière)

Es dreht,
es stürzen Zimmer
und Gedanken kopfüber,
Handstand im Magen,
übel zum Kotzen,
gestern war doch ungesoffen;
Was ist los?
Da ist ein Loch, konkret,
schon komisch,
darüber springen oder rein,
das ist hier die Frage? (Hamlet!!)
Gelbe Besorgnis draußen,
wohl berufsbedingt,
Apparate, rattattam,
blinken Betriebsamkeit.
Wolkenwirbel wieder im Kopf,
Mini-Hurrikane in Zeitlupe,
Rückzug, sage ich,
marsch, marsch, in den Kokon,
Verpuppung ist angesagt,
Zu Motte oder zu Moder?
Da hinten winkte schon mal einer.
»Kommst du? Oder?«
»Hat noch Zeit!«, sag ich dagegen,
– denke ich wenigstens.

Es dunkelt

1.6.2017

Es dunkelt. Die Konturen schwinden,
die Augen stellen die Dienste ein.
Wo werde ich noch Heimat finden,
willkommen und geborgen sein?

Gewiss, du gingst an meiner Seite,
ein lange eingeübtes Tun,
doch dein Strom floss in die Breite,
wollte in den Auen ruh'n.

Schon lange hat mein Licht geglüht,
vom Morgen bis zur späten Nacht,
und ich habe nie verfrüht
mit dem Bemühen Schluss gemacht.

Ich seh herab von meinen Zinnen:
Die Bäume sprechen das Abendgebet.
Zeit ist's das Ende zu beginnen.
Morgen ist es vielleicht zu spät
die Möglichkeiten auszuloten,
das dritte Auge zwischen den Brauen.
Entwirre mir nun diesen Knoten:
lass mich, was wirklich ist, jetzt schauen!

Jene von Eichenau.

16.4.2020

Wo ruhen sie? Jene von Eichenau?
Im Bayrischen Wald, verstreut auf den Wiesen?
In einer Nische im Kirchenbau?
Wer wird für sie eine Träne vergießen?

Ein Stein am Rande der großen Stadt,
die Eltern darunter, schon lange vergessen.
Und hatten doch einmal Leben satt
und Kinder und Freunde und Hoffnung besessen.

Die Ahnen, sie leben noch fort in den Bäumen
gewachsen auf ihrem Friedhofsfeld,
die Enkel, die das Gedenken versäumen,
verstreut, ohne Wurzeln, über die Welt.

Und wären ein stolzes Geschlecht geworden
von Seefahrern, Predigern, Dichtern und Nonnen,
sie sollten von Leben und Stolz überborden
und endeten ehe sie richtig begonnen.

Am Grab sitzt ein Vogel auf der Stele
so friedlich, als wäre er dort daheim.
Vielleicht verbirgt sich in ihm die Seele
von einem dort unten, der göttliche Keim!

Memento

10.7.2020

Lange schon bergen die Mauern
den umgrenzten Raum,
gestatten dem Licht
durch Spitzbögen sparsamen Zugang.
Heilige halten im Verein
mit den Kerzen wortlos Wacht
und Ausschau nach der Ewigkeit.

Unhörbar hallen
Gebete von den Wänden,
gesprochen vor langer Zeit,
und tonlos flutet Musik
abwärts von der Empore
und aus den Nischen der Seitenaltäre.
Das Leben keimt gegen die Vergänglichkeit an.
Inbrunst drängt den Besucher aufs Knie
und sein Blick strebt mit den Säulen hinauf,
dorthin, wo wir Gott,
den Himmel oder den Tod vermuten.
Memento! Gedenke!
Sagt steinern der Raum.

Karma – Schattensaat

17.2.2015

Schaut her, ihr schießwütigen Hyänen,
ihr Geiferer und räudigen Hasser,
ihr Vergifter der eigenen Felder,
vom Dämon der Macht Besessene
ihr Abgrund der zerstörten Seelen!
Schaut her!
Hier liegt Donezk in seinem Blut!
Da sinken gemeuchelt die Gläubigen
eines fremden Gottes nieder
und es johlen die Horden des nächstbesten Götzen;
dort presst der Geist aus Pandoras Büchse
schon jüngst Geborene zur Fron,
würgt ihre Mütter, saugt ihnen das Mark aus den Knochen.
– Ist es nicht endlich genug??!

Denkt ihr, dass euch euer Satan jemals
in dieser oder jeder anderen Existenz
freiwillig ausspuckt und in Frieden entlässt?
Glaubt ihr, ihr werdet entkommen
und genießen, was er euch süßlich verspricht?
Der Fluch der von euch Massakrierten
wird eurer Nachtlager umschwirren,
mit giftigem Stachel jeder Zeit zum Stich bereit!
Kennt ihr Karma, das unausweichliche, nicht?
Wähnt ihr, es komme kein Zahltag für euer Tun?
Und wenn nicht hier im Suff aus Blut und Gier
dann irgendwo, wenn die Glocke schlägt
oder euch eine Kalaschnikow-Salve in die Hölle singt!
Tot seid ihr jetzt schon, ihr und die Eurigen!
Nicht nur in den Herzen derer, die ihr drangsaliert.

Doch eines sei euch versprochen: Solange ihr lebt,
werden die Schatten lebendig bleiben,
als schwarzer Teer zäh an euch kleben,
egal, wohin ihr euch wendet,
werden euch unaufhaltsam von innen
aushöhlen und genüsslich verzehren!
Die könnt ihr nicht ermorden!
Sie leben und werden umso fetter,
je mehr ihr sie leugnet, je schneller ihr flieht:
Die Schatten eurer A N G S T !

Karussell, Karussell

7.5.2019

Karussell, Karussell,
der Atem geht schnell,
die Fülle gelebt,
bis die Decke sich hebt.

Jeder dreht seinen Dreh,
nach dem eigenen Schmäh
und sein Schiffchen fliegt,
weil die Zeit noch nichts wiegt.

Tanzt weiter den Reigen,
die Tage schon neigen
der Fülle sich zu.
Doch Blut ist im Schuh.

Was zaudern, bedenken,
ich brauche den Rausch,
ich will es noch lenken,
keine Vorsicht im Tausch.

Hey du, Karussell,
dreh nicht mehr so schnell!
Die Runden erheben
Tribut vom Leben.

Es läuft nicht mehr rund!
Und hat seinem Grund:
Die Welle vom Jagen
ist ausgeschlagen.

»Karussell! Karussell!!
Es wird nicht mehr hell
auf deiner Bahn!!«
Und dann – hält es an.

Schleier über dem Shannon

17.3.2021

Ein quirliger Schleier von Vogelleibern
beschränkt über dem Shannon die Sicht,
ein sterbender Tag der sterbenden Welt,
ein letzter Sehnsuchtsort im Licht.
Wer wohl die Leichenrede hält?
Ob Nachbargestirne paradieren
oder nur er Mond, starr und fahl,
ob sie gemeinsam dann intonieren
den Irdischen einen Schluss-Choral?

Hatten es selber doch in der Hand:
Die Ideale zeigten die Wege,
von ihrem Verstand längst anerkannt,
doch die Gewohnheit war zu träge.
Brichst du nicht auf, so bricht es dich,
und »Werden« wird »Gewesen-Sein«.
Selber richtet die Menschheit sich
und stellt bedauernd ihr Dasein ein.

Schwarzer Engel

11.5.2020

Schwarzer Engel, bringst du den Tod,
gießt das Vergessen ins Abendrot?
Hinter den Klippen mündet dein Fluss,
begrüßt dich das Meer mit seinem Kuss.

Komm, dunkler Gast, du bist mir vertraut,
habe mich längst nach dir umgeschaut.
Du warst bei vielen der Meinen schon,
klopfst du bei mir an um deinen Lohn?

Du, der Beschließer am Ende der Tat,
damit alles hier seine Ordnung hat.
Die Herzen schlagen zum Ende hin schneller,
die Tage werden statt dunkler schon heller,
denn Du dirigierst keinen Rache-Chor!
Du bist der Pförtner am Eingangstor!

Schwerkraft

21.3.2015

Ist es bereits am Rande der Nacht?
Oder doch der Saum des Morgens?
Heftiger fließen die Gewässer,
wenn ich der Quelle des Sorgens,
des Entstehens oder Vergehens näher komme.
Die Mär von der festen Erde
fällt nutzlos in ein Loch.
Nichts steht verlässlich noch
im kartographierten Gelände,
die trotzigen Burgen der Logik – am Ende.
nichts woran Geist noch Halt fände. –

War auch früher nicht so,
doch wer will dem Glauben
die Hoffnung schon rauben? -
Das Land am Wasser ist unterspült,
der Boden vom Pflügen aufgewühlt,
vom Schürfen, dass sich die Wahrheit zeige.
Gibt acht!
Für deinem Ballon geht das Gas zur Neige!
Das Fallen weiß man, ist doch in allen,
will ich mich auch darüber erheben.
Habe ich darum umsonst geliebt?
Ich denke, ich werde immer noch schweben!
Weil es die Schwerkraft drüben nicht gibt.

Und so weiter …

8.12.2020

Die Bäche, die Flüsse fließen weiter,
die Wolken zieh'n wie immer die Bahn,
die Kinder werden größer, gescheiter
und nach dem Winter fängt Frühling an.

Die Zeiger an Kirchturmuhren drehen
die Runde trotz allem, Stund' um Stund'
und oben am Dornenbusch der Schlehen
tut fröhlich ein Zilpzalp sein Dasein kund.

Mein Schiff hat längst hinausgefunden,
vom Ufer aus sank sein Mast im Meer.
Bleibt nur die Frage; wo kommt es an?

Bin ich ans Wiederkehren gebunden?
Gibt es denn einen Rückverkehr?
Wann werd' ich es wissen?« – »D a n n!«

Soldat, Soldat

2.11.2014

Ein Haufen Lumpen, ein toter Soldat,
wo ist die Moral, der versprochene Lohn?
Die Ideologie hat Erklärung parat.
Doch tot ist tot, wen kümmert das schon.

Die Windel, die Schulbank, die erste Rasur,
dann Stahlhelm. Darüber wuchern die Winden.
Gefallen, Soldat, laut Kommandantur,
wer will die Wahrheit wirklich finden?

Der alte Mann ballt die knochige Faust
und reckt sie so hoch er eben noch kann,
der General, der gemütlich im Hinterland haust,
zündet sich seine Zigarre an.

Der Sohn, gefallen … mein Beileid … wie schrecklich …
das Vaterland, ja, es bedauert so sehr.
Der Kriegsgewinn aber ist erklecklich -
wo käme sonst denn der Fortschritt her??

Und alles gesegnet: die Kopf-ab-Macheten,
Kalaschnikows, Antipersonen-Minen!
Die Absolution durch die Katecheten
erfolgt zwischen Knochen an Eisenbahnschienen.

Er war doch einfach nur mitgegangen …
sagte die Frau mit erfrorenem Blick:
Doch mitgegangen ist mitgehangen,
und keiner kommt – Held oder Mörder – zurück.

Soldat, Soldat, ein toter Soldat
und wieder einer und du bist raus;
Über den Gräbern gibt's keinen Spagat.
Freund Hein kriegt sie alle! So sieht es aus.

Und dann!?

3.12.2014

Hiersein auf Zeit,
noch einen Schluck Leben,
weil Abschied angesagt ist.
Oder leben eben jetzt erst recht!?
Die Autos fahren anders,
unbeteiligter,
mein Drachenbäumchen grünt
so unverschämt grün,
als ob es etwas Besseres wäre.
Tisch, Lampe, Stuhl,
sie alle haben ein Etwas, ein Sein,
schließen mich aus
in geheimer Verschwörung.
Wenn jemand von morgen redet
als selbstverständlichem Besitz,
verstehe ich das nicht:
Ist doch nur Leihgabe!
Verstehe so vieles nicht.
Bis auf die Steine:
Sie dauern schon lange,
ihre Uhr zählt nach Millionen.
Mit ihnen könnte ich!
Bin ich ein Fossil?
Doch etwas, nicht greifbar
ist immer da:
Macht jeden Tag neu!

Die Stunden rieseln
seit ich es fühlte,
spürbarer durch die Adern,
erregen mich,
stellen, was ist, wie abschließend fest
und machen neugierig
auf den Ausgang, die Hintertür:
Auf das: »Und dann!?«

Uralte Mächte

11.-12.8.2019

Es schweben uralte Mächte
gestaltlos über dem Land
und wehe, es hebt in Verblendung
ein Mensch gegen sie die Hand.

Sie ziehen mit Eifer die Geister
in ihre Trug-Welten fort.
Erfüllung wird niemand finden
an dem verwunschenen Ort.

Die Leiblosen trinken die Seelen
und stehlen euch euer Haus,
weil ihnen die Körper fehlen,
ging ihnen Odem aus.

Behütet sei euer Frieden!
Gebt der Verlockung nicht Raum!
Als Lohn ist euch beschieden
die Frucht vom eigenen Traum.

Vom Enden

7.8.2017

Enden, aufhören, weg sein,
nicht mehr da sein,
Aber wo sein? Was sein?
Es hört nicht auf,
du hörst nicht auf im Kopf.
Du wer? Du was? Das mich zerreißt,
ein Riesenmaul voll Fragezeichen,
gefräßig, rot,
doch schluckt mich nicht,
spuckt Unverdautes aus:
Tut das denn Not?
Wendet es irgendeine ab?

Enden, wenden, Umkehr, zurück,
wo standen die Kinder-Aussichtsburgen?
Ich will sie nicht, die Selbstverhöre, die Rügen,
mein Wille will das nicht, hörst du?
Mach mir ein besseres Angebot,
du solltest es können, mach zu!
Oder sind das nur Pfaffenlügen?
Was ich hinein
inhaliere wird Stein,
kein Leben darin,
macht keinen Sinn,
und fällt ohne Halt in eine Klamm
ab vom Stamm und fällt und fällt
und nichts, das es am Ende hält.

Warteschleife

4.3.2020

Sie hocken oben auf den Kreuzen
oder lehnen an den Steinen
und weinen,
wollen Mitleidsgaben haben,
warten auf Tränen.
Sie leben davon.
Doch was für ein Leben
ist das schon?

Warten auf eine Eisenbahn,
›… ein Zug nach nirgendwo!‹ –
doch auf den Marmortafeln
steht kein Abfahrtsplan.

Sie sind noch, obwohl sie nicht mehr sind,
greifen luftig nach den Passanten –
Kein Blätterrascheln, irritiert vom Wind, –
das sind sie, ich höre sie zanken:
Warum müssen wir denn noch sein?
Entlasst uns endlich aus euren Gedanken!

Gebt ihnen frei für ihren Himmel,
Und ebenso euch! Ihr fühlt es gleich:
Das Geben macht reich.
Sonst kauert ihr einmal
im Wartebereich
vielleicht der Theologie
unter dem Kreuz
und wartet wie sie.

Wenn ich nun gehe

6.1.2018

Du, Sänger in dem großen Chor,
du singst nicht mehr,
und alles kommt mir so verlassen vor.

Du, Liebe in der dunklen Nacht,
du liebst nicht mehr,
hast kalter Hand den Winter mitgebracht.

Du, Mond mit deinem blassen Licht,
du zeigst nicht mehr
der Welt dein tröstlich heilendes Gesicht.

Es bleicht die Farbe, sinkt der Mut,
die Luft wiegt schwer. –
und hießest du mich gehn, es wäre gut!

Vision

Endlose Verwandlung

1.4.2015

Hiob hat es erlebt, und Buddha es erfahren,
Aborigines, staubbepudert mit ihrem Gebaren
begrüßen es freudig, kommt früh der Morgen an.
Man nennt es Tao, nennt es Brahman,
ahnt, fühlt, erlebt und atmet es schier
durch Atman, den ewig Einzigen hier.
Wo wachsen mir Arme! Es drängt das Gelüst
ihn zu fassen, wo er doch unfassbar ist?

Ein Tropfen fällt in den Teich,
baumbestanden die Sicht,
die Sonne malt Kreise darauf aus Licht,
dass ich tauschen möchte, um mit diesen
Wässern zu schwingen und fließen
und in die Stämme der Bäume zu steigen,
eins zu werden mit Blättern und Zweigen.
Bis mich der Himmel dann
irgendwann
abpflückt vom Leben,
die Bindung löst,
meine Zeit verschwimmt,
die Struktur verwest
und das endlose Meer mich eben
wieder entgegennimmt.

Manches Mal

24.2.2016

Manches Mal kommt es zur Tür herein
und meine Gedanken beginnen zu schweben;
Manches Mal stellt nur ein Wort sich ein,
und will mich in die Luft erheben.
Oft wandere ich in meinem Käfig umher
und finde den Schlüssel des Gatters nicht mehr.

Manchmal erheben ums Räderwerk
des Wägens und Zählens sich hässliche Zäune,
manchmal wächst aus dem Tal ein Berg,
die Augen gleiten hinauf von alleine,
der Ausblick erhebt über alle Mauern
zeigt uns ein Land, dass das Herz erbebt,
weil es nicht glaubt, dem was es erlebt.
Werden Visionen das Jetzt überdauern?

Den Zipfel der Wirklichkeit erkennt,
wer das Vergehen im Kommen erwägt,
das jede Möglichkeit in sich trägt,
unausgebrütet und doch existent.

Meine Seele hat Flügel

28.-29.1.2018

Meine Seele hat Flügel,
ihr Meer keinen Boden,
den Himmel zu schauen
entflieht sie dem Haus:
über Täler und Hügel
mit Wind-Episoden
im Urvertrauen
ins Fremde hinaus.

Gnome und Riesen
sollen begegnen
auf vielerlei Wegen,
die Augen weit,
in Lust zu genießen.
soll's Wunder regnen
in unsere Wirklichkeit.

Entschwunden, vergangen
und wieder erstanden,
das Suchen wird dauern
und fängt in der Zeit
die Sehnsucht nicht ein.
Wenn Mühen und Bangen
Erfüllung nicht fanden,
Enttäuschungen lauern,
birgt doch des Geistes Unendlichkeit
in sich geborgen das Selig-sein.

Nachtmahre

31.7.2020

Nachtmahre ziehen vor halbem Mond,
es raunt der Troll im Feenreich,
das Bangen, das im Dunkeln wohnt,
macht Herzen und Gesichter bleich.

Viel lauter schnarrt ein ferner Ruf,
und legt den stolzen Mut in Scherben.
Will mich denn, wer die Nacht erschuf,
nunmehr in kalter Angst verderben?

– Sei‘s drum! Du fremde Nacht, tritt ein!
Du sollst mir ein Geheimnis weben
aus deiner schwarzen Mantelseide!

Denn sie will angenommen sein:
die Textur von Tod und Leben!
Tag wie Nacht! – Willkommen beide!

Mozart

20.9.2016

Himmlischer, Menschlicher,
Wer kann dich verfehlen?
Du greifst ins Gefüge
menschlicher Seelen,
webst Frauenstimmen
zu bloßem Entzücken,
lässt rubinrot die Töne
den Kehlen entrücken!

Die Klänge erheben das Firmament,
malen dort Unvergängliches,
Menschen – Verfängliches.
befreien von Nöten,
drechseln Zauberflöten,
die Liebe entbrennt!
Ein Wunderteppich des Aladin
fliegt über ferne Länder hin.

Die Weisen spielen Ringelreihn,
kugeln mit Kinderlachen
aus purem Sonnenschein
über die Wiesen voll Blütenschnee
in ihrem Kahn auf der Seligkeits-See.
Zum Ende hin pochen
schon halb zerbrochen,
ergreifend deine Harmonien,
erstarrt jede Hast,
das Leben will fast
den Adern entfliehen.

Denn deine Musik ist Glückseligkeit,
macht alle Augen und Seelen weit,
Du bist ein Stück der Ewigkeit.

Rad des Lebens

3.9.2014

Als alle Tränen ausgeweint,
und alle Pokale leergetrunken,
die Prophezeiungen ungehört
in Spott und Hohn der Welt versunken.

Als alle Lieder tonlos waren,
brachen darüber die Himmel ein,
die Berge stürzten zurück ins Meer,
erschlugen wahllos Abel wie Kain.

Die Tage beklagten ihr nutzloses Sein,
weil niemand sie mehr willkommen hieß,
kein blutvolles Herz, kein wacher Geist,
der ihrer Hoffnung die Richtung wies.

Da reute es den Weltenbeweger,
dass seine Vision verkommen war.
Er blies hinab eine neue Frist
für all das Erden-Inventar.

Wieder erblühte die gleiche Art,
der Samen aus Adams altem Geschlecht,
und es erstarkten wieder zur Macht,
die Gottvergessen, selbstgerecht.

Sie soffen den Wein ohne je zu teilen,
sie deckten das Menetekel zu,
wollten in Gier und Besitz verweilen
und betteten sich auf Vulkanen zur Ruh.

Als alle Tränen ausgeweint
und alle Pokale leergetrunken,
die Prophezeiungen ungehört
in Spott und Hohn der Welt versunken …

Und immer die gleiche Wiederkehr,
doch nun erhörte kein Gott sie mehr.

Poesie

25.4.2016

Wann steigst du wieder aus deinen Höhen herab,
Verzauberin, du? Breitest Streublumenwiesen
zwischen den Einöden aus, leihst deinen Atem
den dünnen Schösslingen der verzagten Gefühle,
verströmst Jasmin- und Linden-Seligkeit?

Blase die Unwilligen an, die nicht sehen wollen,
lass ihre dunklen Augengläser zerspringen!
Fahre den Lahmen mit Versen in die Beine,
bis sie verzückt die Mazurka stampfen müssen!

Die Herzen tanzen mit, es schwingst sich der Mut
über die Ränder aller Beschränkungen,
um mit den Zugvögeln fern im Outback der Seele,
im Brodel des lauten, lebendigen Lebens zu landen.

Alle Gefangenen der Köpfe entfliehen,
es reitet der Geist mit weißer Gischt auf den Wellen
und taucht im Meer mit Königspinguinen,
zwischen Korallengärten und Tiefsee-Nixen.

Dem Schimmel wirfst du im Galopp die Zügel
vorne über, dass seine Hufe befreit
ausgreifen und die verschüchterte Herde der Wünsche
sich endlich ins Meer der Möglichkeiten stürzt!

Ich werde auf dich warten, Poesie!

Schimäre

16.3.2020

Wenn die Liebe nicht wäre,
wie würde ich leben,
würde ich sterben,
wenn die Liebe nicht wäre?

Wenn's die Freiheit nicht gäbe,
wer würde dem Leben
den Atem vererben,
wenn es Freiheit nicht gäbe?

Wäre der Himmel nicht hoch
und es stürzten hinein
Berg und Meere im Verein,
– welche Hoffnung bliebe noch?

Es bliebe die Schimäre,
dass jenseits von Liebe,
von Tode und Verderben,
von allem Sterben
doch immer noch
e t w a s wäre!

Bunte Seifenblasen

28.5.2016

Eins und zwei und vielerlei,
rund und bunt, fliegen vorbei,
fangen Blicke, zeugen Träume,
schweben in die Fliederbäume.

Sehnsucht nach – ich weiß nicht, was,
blubbert aus dem Seifennass,
Kinderlachen hängt daran,
ob man es berühren kann?

Wenn sich Hoffnungen verdichten,
Märchenschlösser zu errichten,
Zaubergärten, Weltenbühnen,
die uns sonst verloren schienen,

blüht die Ahnung wunderweit,
stockt den Atem, steht die Zeit.
Plitsch! – Zerplatzt ist die Schimäre.
als ob's nie gewesen wäre!

Shambhala

4.10.2020

Abendglut weicht Silbermond,
flüchtet aus dem Tal im Flug,
wo die Eisprinzessin wohnt
und der Tod und sein Betrug!

Über'm Berg liegt Shambhala,
die Gewissheit treibt mein Blut,
drüben ist's, zum Greifen nah,
wo das Licht, der Frieden ruht.

Schauen, was kein Auge sah,
unerhörte Weisen hören,
nichts wird die Erfüllung stören.

Und erwacht aus seinem Wahn
hält das Herz den Atem an:
Bald! – Ich komme, Shambhala!

Vielleicht

19.7.2019

Vielleicht ist ja alles ganz anders,
ist der Himmel nur ein Spiegel,
und von der anderen Seite hindurch
beobachten uns die Götter.

Vielleicht ist unser Hunger
der inwendig eingebaute Motor
um uns zu ihrem Ergötzen
ständig in Bewegung zu setzen.

Vielleicht sind die Träume lebendige
Wesen und lehren uns fliegen,
fühlen auch den Schmerz – oder nicht?
Vielleicht füttern sie profund
den Seelengrund und der
wird – oh Wunder – gesund.

Vielleicht ist die Treue ein Bügeleisen,
das Verwerfungen glättet,
bis es – zu schwer für die Hand –
uns auf die Füße fällt.

Doch bestimmt flötet das Vögelchen,
dort hinter den Rippen
noch immer aus ganzer Kehle und
voller Vertrauen sein Morgenlied.
Bis vielleicht ein Widerhall
zurück in seine Klause dringt
und aus zwei Melodien dann eine
gemeinsame, wenn auch vergängliche,
große Symphonie erklingt.

Vielleicht habe ich alles nur geträumt.

Wenn das Paradies ein Apfel wäre

22.1.2020

Wenn das Paradies ein Apfel wäre –
wäre ich darin ein Wurm?
Wenn sich Seligkeit im Wind verlöre –
erstünde daraus dann ein Sturm?

Wenn die Ewigkeit ein Ende hätte –
könnte ich den Anfang finden?
Ließe sich die neu entdeckte Stätte
mit dem Ende dann verbinden?

Schlösse sich auf wunderbare Weise
alles, was getrennt, geschieden,
alles Seiende zu einem Kreise?
Fände dann die Seele Frieden?

Wie Kinder fragen

8.11.2015

Warum quälen wir, was wir doch lieben?
Warum ist der Montag immer grau?
Warum ist noch keiner hiergeblieben?
Warum werden Herzen niemals schlau?

Warum Tränen, wenn doch keiner trauert?
Warum fällt Regen nicht hoch in die Luft?
Warum wird ein Anfang nie bedauert?
Warum ist der Tod ein mieser Schuft?

Warum sprechen viele hohlen Blasen?
Warum halten wir Gefühl im Topf?
Warum wird er braun, der grüne Rasen?
Warum denken wir nur mit dem Kopf?

Warum schleifen wir nicht alle Mauern?
Warum lassen wir Besitz nicht los?
Warum kauern wir in Vogelbauern?
Warum ist denn unsere Angst so groß?

Wenn der Mut aus jeder Pore quillt,
und Liebe, ohne nach Gewinn zu fragen,
den Bedürftigen den Hunger stillt,
dann vergehen alle Fragen.

Von Sinn und Unsinn

Blinde Sterne.

15.2.2019

Blinde Sterne, stille Stürme
schütten meine Augen zu,
draußen toben wilde Wölfe,
drinnen schleicht ein Tag zur Ruh'.

Hoffnung, Neugier, Wunderorte
aufgereihte auf Seidenband,
Sehnsuchts-Türme, Wunschgebirge,
– fortgeweht von kalter Hand.

Fülle lag auf meinem Wege,
Mangel fiel mir auf die Schuhe.
Liebe kam und Liebe ging.

Gabst das Leben nur in Pflege,
Mut zur Wahrheit, kein Getue!
Leben ist kein Kümmerling.

Brückengedichte

(Krämerbrücke in Erfurt) 28. - 31.7.2021

Moment

Es führt eine Brücke nach nirgendwo,
überspannt keine Schlucht, keinen Fluss,
dorthin, wo die Reise von irgendwo
für dich einmal enden muss.

Bleib stehen auf der Stelle, wo du jetzt stehst,
erlebe den Augenblick!!
Begreife später im Weitergehen:
dies war ein Augenblick Glück!

Sammlung

Die Berge sind hoch, deine Schritte klein,
die Wege sind Last und Lust.
Beachte die Blume am Wegesrain,
auch wenn du weiter musst!

Die Bilder am Fluss der Vergänglichkeit,
sammle sie um deinen Hals.
Sie bauen den Steg zur Unendlichkeit,
dem Erinnern im Falle des Falls.

Danke

Das Wort, das eine Brücke baut
zu dem getrennten Du,
das nicht nach seinem Vorteil schaut,
dir Frieden schenkt dazu.

Ein kleines Wort – ein großes Tal
voll Blumen und Schalmeien,
du lädst zu einem Freundschaftsmahl
und es schenkt dir: das Freuen!

Versöhnter Hass

Der Hass ist eine tiefe Gruft,
der Abgrund unversöhnlich,
und über ihm gefriert die Luft,
Gewohnheit wird gewöhnlich.

Viel Felsgestein fiel dort hinein,
gewälzt von grimmen Herzen,
sollte für immer begraben sein,
ihm brannten keine Kerzen.

Doch gibts ein Meer, das diese Schlucht
mit purer Liebe flutet,
ein Fährmann fährt von Bucht zu Bucht
und wenn sein Schiffshorn tutet,
dann neigen sich die Ufer nieder,
und gestatten anzulanden.
Und was entzweit, versöhnt sich wieder,
weil sie dort Liebe fanden.

Brückenbogen

Stein auf Stein ins Rund gebogen,
fest gefügt nach Väter Sitte,
von der Erde angezogen,
bekränzt vom Schluss-Stein in der Mitte.

Du hast Epochen überdauert,
und trägst duldsam über den Fluss,
stehst ins Bild der Stadt gemauert,
verbindest, was vereint werden muss.

Ich will die Brücke mauern für dich,
damit ich dich erreichen kann.
Ich wünsch' mir, sie hält ewiglich
und trägt mein Glück von heute an!

Brückenzoll

»Zahl den Zoll oder lerne fliegen,
wenn du zur anderen Seite willst,
von mir wirst du keine Passage kriegen,
wenn du nicht meinen Hunger stillst!«
Nehmen ist eines und Geben das andere,
Leben will in der Waage sein.
Weil ich auf fremder Straße wandere,
werde ich ewig ein Schuldner sein.

Das Brückenseil

Ein Seil vom Ufer nach drüben geworfen
und eine Hoffnung hängt daran,
dass sie bei dir einen Ankerplatz findet,
wo sie verlässlich festmachen kann.

Mein Wunsch erhebt sich in die Lüfte
und fordert die Erfüllung ein,
denn irgendwo in der weiten Runde
sollte die Liebe zu Hause sein.

Gedanken bauen der Sehnsucht Brücken
und schwingen hinüber über das Tal,
um endlich eine Heimat zu finden.
Ich wünsche mir, so wird es einmal!

Brückenheilige

Er steht trotz Zeiten von Wohl und Wehe
sehr lange schon auf seinem Pfeiler im Fluss
und hält unverdrossen sein Kreuz in die Höhe,
weil er die Reisenden segnen muss.

Die Zeit hat an seinem Sandstein genagt,
und sein Gesicht scheint blicklos leer.
Er hat seinen Auftrag niemals beklagt.
Wer einmal Berufung fand, fragt nicht mehr.

Überbrückung

Es muss nicht aus Stein sein, was überbrückt,
ein Blick, eine Geste schon reichen aus,
und plötzlich schwingt es zu dir zurück
und erfüllt mit Freude dein ganzes Haus.

Lasst, Freunde, uns Brücken und Stege bauen,
und blickt nicht fort! Es betrifft einen jeden!
Lasst uns hinweg über Trennendes schauen!
Und wir erschaffen den Garten Eden!

Luftbrücke nach anderswo

Ein Wort schlägt einen hohen Bogen
in ein vergangenes Leben zurück,
und vor den geschlossenen Augen wogen
die Bilderreigen vom einstigen Glück.

Mich streifte damals der Duft einer Liebe;
die Zeit nahm sie lange schon mit sich fort,
und doch ist's, als ob sie noch immer bliebe,
noch immer gedenk' ich dem liebenden Wort.

Das Glück

11.4.2021

Das Glück, das Glück – ist Zuckerwerk,
wird über alles Leid gegossen
und gerne naschen wir daran.
Das Glück, das ist ein Blütenberg,
ein jeder hofft auf neue Sprossen.
Wie halt ich's fest? Wie stell ich's an?

Das Glück ist jene Spinnradspindel,
an der sich einst Dornröschen stach.
Sie dreht sich schnell und wirkt verbindlich.
Doch kommt einmal ein Ungemach,–
– wie eine volle Kinderwindel –
agieren Freunde höchst empfindlich!

Das Glück sollte ein Steintopf sein.
Und jede kleinste Spanne Glück
halte dir fest, leg' sie hinein,
denn Gold ist Gold, auch noch so klein-
und lass' kein Krümelchen zurück:
Daraus entsteht dein Mosaik.

Das Glück, das ist ein Ratsbeschluss
im innersten Kollegium,
ich zahle willig seinen Preis,
weil ich es dann zu schätzen weiß!
Und dreh mich nie nach Unglück um,
dieweil es mir sonst folgen muss.

Das Glück, aus Achtsamkeit gebaut,
dies Glück, nach dem sie alle jagen,
muss nicht gehetzt, gefangen werden,
nur aufgehoben von der Erden.
Dann bleibt es auch in alten Tagen
dir treu zur Hand und wohl vertraut.

Das Rad

17.4.2015

Zu sein ist das eine, zu werden das andere
Nicht-Sein erwächst dem allgemein,
der meint, bereits alles zu sein.

Die Bienen bauen die wächsernen Waben,
Imker drehen Kerzen daraus,
sie brennen, fallen und entzünden
das ganze, wohlbehütete Haus.
Doch durch die Asche im kommenden Jahr
treiben die Nektarblüten aus.

Gedanken ergründen die Nukleonen,
erfinden Systeme, sich selber zu klonen,
um draußen, weit im Adlernebel,
die »Säulen der Schöpfung« zu schauen:
Wo Stäube und Gase die Sterne erbauen,
die wiederum leuchtend explodieren
und sich zurück in die Matrix verlieren,
im Staub als Mutter und Hebel.

Zu viele kämpfen um ein Stück Brot,
zu viele vergehen in beißender Not.
Finde zurück zu den wirklichen Quellen
und lass ab von dem immateriellen,
trostlos vergänglichen Traum.
– In Frieden und Schweiß dein Feld zu bestellen
hält die Gedanken in Zaum.

Das Spiegelbild

4.10.2018, 11h

In seinen Spiegel fiel plötzlich ein Licht,
er sah sich selbst und erkannte sich nicht,
ein Fremder stand ihm gegenüber im Glas
und warf ihn sich selber vor zum Fraß.

Noch nie sah er sich auf solche Weise,
er würgte an der servierten Speise.
Bin das denn ich? So sieht man mich?
Er sah sein Bild und er schüttelte sich.

Zu nackt, ohne Lügen-Schamtuch herum,
durchschaubar für jedwedes Publikum,
so mittellos, arm und kümmerlich
stand dort sein eigenes bisschen Ich.

Es rührte ihn an, fast zum Erbarmen:
Mit hängender Seele und hängenden Armen
erblickte er sich und die trostlosen Augen.
Das Spiegelbild drohte ihn aufzusaugen.

Und sagte zu ihm: »Sei du, wer du bist,
auch wenn es das Schwerste im Leben ist!
Sei echt und wahrhaftig und bleibe dir treu!«
– Und das Spiegelbild lächelte und wurde neu!

Der Kreisel

28.6.2021

Wie er sich dreht und brummt,
groß und bunt,
von Kinderaugen bestaunt,
wie er sich wiegt und tanzt,
und stolpernd langsam
dann verstummt.

Oder nur klein und rund
zwischen zwei Fingern gezwirbelt
wirbelt,
die Balance hält
auf des Messers Schneide
seiner schwebenden Welt,
nichts fordert, nicht klagt,
Aufmerksamkeit auf sich zieht,
der Moment, der lebendig erblüht,
von keinem Zweifel des Daseins benagt.

Bis er unruhig wird
und taumelt besessen
als hätte er plötzlich
seinen Zweck vergessen
und wankt und kann's nicht begreifen,
um schließlich am Rand
den Boden zu streifen,
in Bewegung, immer noch,
die letztendlich doch
und zum Schluss
entgegen gerichtet
enden muss,
ausläuft und stirbt. –
Weil jedes Leben den Tod erwirbt.

Der Lohn

4.4.2015

Irgendwas bleibt zurück
auf deinen Plätzen, den Wegen,
von dem vergeudeten Glück,
von dem empfangenen Segen.

Zugleich haftet ebenfalls dort
der Neid, der Hass, die Verachtung,
und der erlittene Tort
die hässliche Tat in Umnachtung.

Nichts geht jemals verloren,
und du bist nicht allein,
du bist dazu geboren
für andere da zu sein!

Wähle sehr wohl deine Welt,
die du erschaffen willst,
ob sie allein dir gefällt,
ob du fremden Hunger stillst.

Zum Ende steht dann ganz allein
dein Tun vor dem eigenen Thron:
du selbst wirst dein Richter sein:
und du bestimmst deinen Lohn!

Der Stern … bis

29.1.2016

Auf nächtlichem Pfade blinkte ein Stern,
und war mir so nahe, wie unendlich fern.
Sein Licht schien sich in die Augen zu bohren,
und fragte: »Was hast du denn hier noch verloren?

Ist deine Frist nicht längst aufgehoben,
die Hoffnung auf Zukunft zu nichts zerstoben,
weil deine Kräfte aufgebraucht sind,
du und die Liebe – vergangen im Wind?

So fragte der Stern und ich schaute zurück:
Versagen und Irrtum, verlorenes Glück, –
Ich wähnte mich nur mir selbst verpflichtet,
mein Streben auf eigenen Vorteil gerichtet.

Warum soll das Leben für mich nicht enden?
Ich denke, ich könnte den Lauf noch wenden,
meine, ich stünde noch in der Pflicht?
Warum sehe ich die Nichtigkeit nicht?«

Da stoppte der Stern seinen bohrenden Pfeil
und mir wurde neue Botschaft zuteil:
»Trotz allem bist du von ewigem Licht!
Ich, Stern, und du, – wir vergehen nicht!

Wir haben Orientierung zu spenden!
Und wird unser Dasein auch einmal enden,
werden wir immer noch sein, was wir sind:
Ein Atemhauch vom unendlichen Wind.«

Du oder ich

25.7.2015

Du oder ich? Was macht den Sinn?
die alte Frage – nicht träumbarer Traum,
seit ich aus Staub geworden bin.
Oder du u n d ich? Fuhrst Du in mich
bei meinem Werden in Zeit und Raum?
Wir beide eins am Ewigkeits-Saum,
zusammen auf gleichen Bahnen …,
Um wie viel größer lässt Du mich ahnen …

Wer alle Wolken am Himmel sät,
die Erd-Verfügungsmasse dreht,
den Lehm, aus dem ich geworden bin,
wenn ich dem gleiche, – was macht dann Sinn?
Der Performer und ich, von gleichem Gebaren,
– so sagte es der vor zweitausend Jahren –
könnte mein Geist vielleicht daher
ebenso erschaffen wie er …?

Wer könnte mir die Auskunft geben?
Es dämmert mir längst, ich müsste daneben
um so viel mehr von allem erfahren!
– Viel zu viel für das eine Leben!

Es sind die kleinen Dinge

3.7.2014

Es sind die kleinen Dinge, meinte der Alte:
Die Berührung an der Schulter,
die sagt, dass ich dich mag,
das Lächeln im Vorübergehen:
weckt Erstaunen im Gesicht und die Gedanken:
Wer war das? – Und meint er mich?
Bin ich ein Lächeln wert?!

Bucheckern und Pinienkerne zum Beispiel,
– der Alte sammelte sie vom Boden –
Und was kann daraus werden??!
Die kleine Bemerkung: »Hübsch siehst du aus«
zündet das Strahlen in den Augen an.
Das Kleine ist's! Denn wer ist so groß,
dass er in die Kleidung von Riesen passte?
Der Alte kicherte.

Und erst die Kinder, die kleinen Verführer,
wer bleibt von ihnen unbewegt?
Es führen die kleinen Schritte auf den Berg,
mit großen wirst du nur vorzeitig lendenlahm!
Er dehnte sich.

Zur Größe musst du dich recken,
du fühlst den Mangel und Druck:
Selbst große Gefühle sind's nicht –
wie klein ist ihre Lebensdauer,
wie mühsam die Kraft, sie zu erhalten.
Das Kleine in Beständigkeit,
nickte der Alte,
der Tropfen auf den Stein …
Dann ist der Tod nur ein kleiner Schritt
auf dem Umsteige-Perron zur Weiterfahrt,
hauchte der Alte.
Und war nicht mehr da.

Ich träumte

24.11.2017

Ich träumte –
alle Steine auf der Brust
und hinter den Rippenbögen bekämen Flügel,
der Regen säugte die trockenen Felder,
die Pfützen am Straßenrand
spiegelten leuchtende Sonnen,
und ein Wind von Süden,
wehte Süße in den Wein.
Ich wanderte auf der Seidenstraße
und die Menschen luden mich ein
zu ihren Nationalgerichten.
Die Hirten wohlgenährter Herden
in der Sahelzone prosteten mir zu
mit einem Becher Stutenmilch,
ich träumte,
dass ein Lächeln über die Länder flöge,
keine Kampfjets,
dass die Meere die Kontinente
mit klaren Wellen umarmten statt mit Unrat,
dass fremde Fürsorge die Furchen
aus den Gesichtern der Bedürftigen waschen würde.

Ich träumte,
dass eine fehlende Mahlzeit
für ein hungerndes Kind
in den Parlamenten dieser Erde
eine Generaldebatte wert wäre,
dass Krieger weinten
beim Gedanken an ihr Handwerk,
und Blumenvasen aus Granatenhülsen schmiedeten,

Ich träumte,
dass alle Gierigen und Unachtsamen
gegen die Erde und ihre Bewohner
einfach keine Suppe mehr bekämen!
Ich träumte und wusste es,
dass ich träume.
Fern im Pazifik stirbt ein Wal
durch die Harpunen der Nimmersatten!
Und trotzdem werde ich nie
aufhören mit meinem Traum.

Jeder ist es wert

bis 10.07.2015

Jeder ist es wert:
zu sein, wie er könnte!
Und ist es nicht,
wer sich selbst verrät.
Bist du der Herrscher
deiner Talente?
Oder ein fremd-
bestimmtes Gerät?

Du suchst im Schwarzen
der endlosen Weiten
»the missing link«
den Zusammenhang.
Willst du dein Leben
sinnvoll bestreiten,
dann widerstehe
dem nutzlosen Drang.

Ein Gänseblümchen lebt,
weiß nichts von morgen,
dreht voll Vertrauen
der Sonne sich zu.
Warum willst du heute
auf morgen schon borgen,
glaubst du, im Planen,
findest du Ruh'?

Das Eine im andern,
Unten im Oben,
Kain bleibt mit Abel
untrennbar verwoben.
Das Leben im Sterben,
Verlust im Gewinn,
in jedem Zweifel
keimt neuer Sinn.

Sei es dir wert,
du birgst den Funken,
der, wenn du willst
Universen erschafft
und du fühlst trunken
die Einheit in dir
mit der endlosen Schöpferkraft.

Genug

15.1.2019

Fadenkreuze,
Zielvorrichtung,
Zunge hängt zum Hals heraus,
Befehle, Drill,
Gesang im Eisenofen,
die Fourage ist längst aus,
Zähne blecken,
aus den Pfützen
Wasser lecken
und Granaten tief im Anflug,
Ist es nicht genug?
Was treibt voran?
In die Scherben,
Trümmer, über Leichen laufen,
da gibt's nichts mehr zu erben!
– Aber weiß man's? Kameraden, auf, auf!
Hielt zwar nichts von dem Haufen,
aber trotzdem: auf und lauf!
Vorne baumelt vor der Nase
die getürkte Wurst am Angelhaken,
Werbefeuer, Projektionen blaken
weiter ihren dreisten Betrug.
– Ist's nicht genug?
Ist es nicht endlich einmal genug??!

Leben

24.5.2020

Leben vergeht, erfüllt oder nicht,
was macht den Unterschied?
Ob große Geister Bibliotheken hinterließen
oder Revolutionen, – wen kümmert's?
Vom Geschehen vereinnahmt,
abgelegt in der Daseins-Registratur
bei den Mammutknochen,
der Asche Trojas
oder neben Cleopatras Schlange,
eine Fußnote in der Chronik.
Die Sorgen um viel Geliebtes,
das Unausgesprochene im Blick eines Kindes,
mögen im luftigen Gespinst der Sphären
noch eine Weile überdauern,
ein Nachhall ihrer Existenz
eventuell in den Ruinen
der einstigen Behausung haften,
um dann ohne Drama ins Namenlose zu fallen.
Vielleicht jault auch der Wind
Erinnerung in die leeren Fensterhöhlen –
wer will es entziffern? …
Komm näher, mein Leben und zier' dich nicht!
Lass dich umarmen, jetzt!!

Nicht wichtig

26.8. 2019

Einen Tropfen Wasser verschüttet,
– nicht wichtig,
ein Wort nicht erinnert, ein Mensch geht vorbei,
– falsch oder richtig??
Wann erwacht der Siebenschläfer?
Und wie misst man das Vergessen?
Wer kann den Wert des Gesangs
einer Drossel zu ermessen?
– Weiß nicht.
Darf man die Einsamkeit der Schmetterlinge
an einem Sommertage stören?
Kann man das Grimmen der Seele hören?
– Ist das wichtig?
Oder nichtig?

Ist nicht alles Teil von Allem?
Welcher Richter richtet die Gerechtigkeit?
Jedes Maß ist falsch, jeder Vergleich entzweit,
betrügt um die Unteilbarkeit.
Ich betrauere den Tropfen Feuchtigkeit
achtlos am Boden verschüttet,
der Kreatur entzogen, um den Sinn betrogen,
die Harmonie zerrüttet!
Das Allerkleinste selbst ist wichtig!

Orientierung

18.4.2019

Vater, Mutter, Brüder sind gegangen,
weiß nicht, wo ich hergekommen bin,
die Gewohnheit hält mich hier gefangen.
Kirchentrost geriert mir keinen Sinn.

Wohin seh' ich meine Reise gehen?
Gibt es einen unbekannten Hain,
wo die Bäume der Erkenntnis stehen?
Stellt sich dort die Weisheit ein?

Habe längst mein Bündel hier geschnürt.
Bin vergebens durch mein Tal gehetzt,
nirgends hielt es eine Antwort vor.

Alles Suchen hat mich nasgeführt.
– Ich ergebe mich dem puren Jetzt.
Nichts wissen zu können – weiß der Tor!

Sie haben alle Recht

14.4.2020

Sie haben alle Recht!
Denn der oder das E i n e ist in allen
und alles in dem E i n e n.
Namen sind Nebel
um die Gipfelfelsen,
oder Dunst aus Weihrauchkesseln
und Yagnafeuern, egal.
Ob Odin in Walhall
oder die Prinzessin
der azurblauen Wolke
auf dem heiligen Tai shan,
ob im Tempel des ruhenden
Buddha von Fukuaka,
um die schwarze Kaaba oder auf Golgatha,
welche getrennten Paradiese sucht ihr??
Ihr lebt doch darin,
in dem tausendgestaltigen,
bemüht euch lediglich es zu zerstören.
Warum?
Werft eine Münze,
es ist egal,
Vergehen und Werden,
Kopf oder Zahl –
es gibt nur den einen Sinn, eine einzige Woge,
und ihr seid die Wassertropfen darin.

Vom Suchen

Indien, 9.10.2014

Komm! So komm doch!
Begegne mir auf meinem Weg!
Ich kann dich nicht finden.
Kann’s nicht verwinden,
Verirrung und Verwirrung,
taste mich heran,
hab keine Richtung,
komme nicht an.
Wo ist dein Licht?
Traue mich nicht,
Und wenn – irgendwann oder wo –
ist die Erfüllung schon
aufgebrochen nach anderswo.
Verharre, schaue aus weiterhin –
welche Wahl macht Sinn? –
Hatte ich sie je?
Untrennbar von Dir, ich weiß es seit eh,
doch auf fremden Weidegründen
mit Lahmen und Eunuchen.
Wann wird mein Durst deine Wässer finden?
– Was bleibt, ist das Suchen.

Vom Gehen Jodpur,

3.10.2014

Ich gehe,
bin auf dem Weg.
Nicht für mich, –
für keinen Heiligen oder Gott,
der ist überall.
Ich gehe:
Gegen den Unfrieden,
gegen das Geschwätz im Kopf
und die Nutzlosigkeit,
Ich gehe.
Gegen die friedlosen Absichten,
den Krieg der Gefühle und Kanonen.
Auf jeden Berg, der sich entgegenstemmt,
wälze ich ein steinernes Herz,
damit es drüben den Weg
der Friedfertigen hinabrollt!
Ich gehe.
Für die Getrennten,
und die nicht teilen wollen,
die Abgeschiedenen vom lebendigen Wasser,
die das Meer nie schauen,
an ihren Tümpeln versumpfen,

➤

Ich gehe.
Für die Einsicht der Eroberer,
– ihr habt schon genug!
Beackert die eigene Domaine!
Ich gehe.
Für die klare Luft,
für Felder und Felsen,
die Früchte und Behausungen tragen,
für das Gesetz,
dem Sonne und Erde folgen,
ich gehe für die Liebe,
der ewigen Macht, die das Leben trägt!
Ich gehe. – Kommst du mit?

Vom Wünschen

Wünschen

An mich!

29.3.2018

Ich wünsch' dir einen kleinen Stein
zu Füßen, dass du achtsam gehst,
es darf sogar ein edler sein,
dass du den Wert des Wegs verstehst;
den Stein, der unter deiner Zunge liegt
und notfalls deine Worte bremst,
wenn Unmut dich zu fassen kriegt,
– auf dass du dich danach nicht schämst!

Ich wünsche dir ein Schaukelpferd,
damit dich jeder dann und wann,
wenn dir der Stolz zu Kopfe fährt
auf diesem Ding verschaukeln kann!
Und wenn du dann auf Rache sinnst
und brütest: Was soll ich jetzt machen –
schaut dich dein Pferdchen an und grinst,
– schon kannst du mit den andern lachen!

Ich wünsche dir ein gutes Lied
als deine Lebensmelodie!
Was immer an dir zerrt und zieht,
verleugne deine Weise nie!
»Üb' immer Treu und Redlichkeit«
mag längst schon aus der Mode sein,
was kümmert das die Ewigkeit? –
Sei wie du bist und füg' dich drein.

Begleitwunsch

23.8.2019

Dass dein Schiffchen jeder Zeit
den Winden allen trotzen kann,
und landet dich in Sicherheit
an immer neuen Ufern an.

Dass die Fracht in seinem Bauch
deinen Reisen Sinn verleiht.
Und endet eine Reise auch,
dann sei zum nächsten Trip bereit.

Will der Westwind nicht mehr wehen,
ist der Hafen noch so fern,
soll Ostwind dir zur Seite stehen!
Oben leuchte stets dein Stern!

Dass du nach großer Fahrt vielleicht,
nach langen und bewegten Jahren
erkennst: Du hast dein Ziel erreicht,
du bist nicht umsonst gefahren!

Einst

1.10.2016

Einstmals – hieß das Zauberort:
Dort lebten Zauberer und Feen,
ließen es goldene Blüten regnen
und Winde voller Begeisterung wehen.
Morgens flogen die Sorgen fort,
um uns mit neuen Wunderen zu segnen!
Einstmals, da habe ich geliebt.

Was heute längst vergangen ist,
war damals nicht im Keim gedacht,
das Lügen war noch nicht erfunden,
der David schlug dem Riesen Wunden,
und Wünschen hatte mächtig Macht.
Es gab, was Treu und Glauben gibt.

Einst schmeckte süß der alte Wein,
und jeder kannte den heiligen Gral,
die Kühnheit wurde niemals schal
und kämpfte mutig gegen die Drachen.
Es brannte die Luft, lud alle ein
zum Freiflug mit der Montgolfière.
Sie blickten aus dem schwebenden Nachen,
als ob das Dasein schwerelos wäre.

Ein Land, voll Frieden, ohne Zwist,
es wurde den Menschen nie zu klein,
und in den Wüsten wuchsen Bäume.
Dort wollte ich der König sein,
verwirklichen die Menschheitsträume,
dort wo die Liebe zu Hause ist.

Zu lange war Nimmerland unbesetzt
und es herrschte nur Erdenschwere.
Lasst sie uns endlich überwinden,
damit wir die Liebe wieder finden!
Und wenn es dein letzter Atemzug wäre,
lasst uns aufs Neue beginnen! – Jetzt!

Hoffnungsort

Juni 2020

Der Ort, worüber der Sommer steht,
und deine Kinder Kinder bleiben,
wo Liebe nicht im Sturm verweht
die Mühen nicht zum Meer hin treiben,

in Worten keine Lüge ist,
und Freunde unter Freunden wohnen,
wo deine Art geachtet ist
und üble Blicke dich verschonen.

Das Unglück, wenn es dir begegnet,
lässt dich nicht ohne Trost vergehen,
weil Anteilnahme auf dich regnet
und Nachbarn dir zur Seite stehen.

Ich weiß, ich werde ihn erreichen,
Und kenne ich die Strecke nicht,
ich will nie von der Richtung weichen:
Es gibt den Ort! Dort wohnt das Licht.

Ich wünsche

29.8.2020

Ich wünsche
neu jeden Morgen zu erleben
und die Geborgenheit der Nacht,
ich wünsche
mehr an Liebe zu vergeben,
als andere mir je zugedacht,
ich wünsche
das Wachsen der Pflanzen zu erfühlen
und den erfrischenden Abendtau,
ich wünsche
dass Regentropfen die Hitze kühlen
und mich erwärmt der Kuss einer Frau,
ich wünsche
auch die Schatten zu durchschreiten,
als integralen Teil von Licht,
ich wünsche
den Hungernden ein Mahl zu bereiten.
Doch einiges, das wünsche ich nicht:
Ich wünsche
meine Verantwortung nie zu vergessen
und keinen Menschen, der mich schätzt
und wünsche
zum Schluss der Frist, die mir zugemessen
leicht zu verlöschen im Wind des Jetzt.

Könnte ich den Himmel wünschen

9.2.2015

Könnte ich den Himmel wünschen,
er wäre lauter Musik!
Seine Farben würden golden,
blau und purpur erklingen
und glitzernd mich
mit Melodien umschweben.

Könnte ich den Winden befehlen,
würden sie vielstimmige Arien heulen,
mir mit starker Hand
über den Rücken streichen,
und meine Gedanken die Tonleitern hinauf
in wundersame Länder
und unerhörte Kontinente zu heben.

Könnte ich die Liebe binden,
es erklänge gläsern Flötenzauber!
Ihr zu Ehren webten Liebeslieder leichthin
bunte Bänder in den Takt der Träume,
betteten sie auf satten Cellotönen zur Ruhe
oder wirbelten den Rocksaum ihrer Kleider
mit Paganini-Pirouetten durch die Luft!

Könnte ich ein Leben wählen,
dann wäre ich der Gesang.
Ich wollte im Chor mit allen Stimmen
aus dieser und jeder anderen Welt
die Äther mit purer Freude ausfüllen.

Von der Liebe

Liebe

An Christine

20.7.2017

Du schriebst mir einen Brief vor langen Zeiten,
ich fand ihn beiläufig, als Souvenir
in einem Stapel von Vergänglichkeiten
und las ihn fast mit Bangen jetzt und hier.

Die Worte dufteten wie ehedem
und Glück entströmte dem vergilbten Papier.
Der alte Mai erhob sich neu, indem
erstrahlten deine Sonnenaugen hier.

Im Schwunge deines Herzens schriebst du's nieder,
die Lettern von Gefühlen auf sich bäumend,
und meine Pulse pochten blutvoll wieder,
die Liebe tanzte Polka überschäumend.

Die Seele schmerzte schließlich von der Flut,
und rang nach Luft vor alter Seligkeit.
Ich gab das Blatt dem Umschlag in die Hut:
zu kostbar für das harte Licht der Zeit!

Das unfassbare Du

11.3.2018

Es spukt im limbischen System des Kopfes,
wo die Gefühle schlummern,
als Duft unter der Schädelkalotte,
als elektrische Frequenz der Neuronen,
verankert in diesem merkwürdigen Haufen Zellen,
der den fleischlichen Teil der Existenz bewegt.
Es treibt hormonbefeuert
das Konglomerat aus Millionen Einzelwesen
nebst nachgeschaltetem Funktionsspeicher
zu Leistung oder Depressionen an, je nachdem,
bis es sich wünscht ein anderes Ich
ganz zu besitzen, ein Du,
und es sich gänzlich einzuverleiben. – Doch wozu?
Innen schweben Schwaden
gepulster Nervensignale
und es nennt sich Liebe,
zieht Einzelwesen zueinander,
bis sie eins werden und verschmelzen,
und dann zu allem Überfluss
ein neues Gebilde entsteht,
ähnlichen den alten Entitäten.
Ein neues Du-Ich!
Und, einmal existent, nistet sich das sogleich
in den beschriebenen Wolken der Köpfe ein,
um dauerhaft dort zu wohnen!
Wer soll das je verstehen???

Die besten Jahre

29.9.2021

Ein Echo hallt zu mir aus ferner Zeit:
Die Kinder jung, die Tage angefüllt,
mein Leben wurde überall gebraucht.
Ganz selbstverständlich war Gemeinsamkeit,
der erste Zauber war noch nicht verraucht
und meine Liebe blieb nicht ungestillt.

Ganz selbstverständlich schlug die Zeit den Takt,
ihr Marschlied führte mich in meiner Spur.
Und blies der Wind mir manchmal ins Gesicht,
dann störte ich mich nicht an diesem Fakt,
es war der Preis, mir zugewogen nur,
und ich versah mit Freude meine Pflicht.

Ein Graben trennt mich nun von dieser Zeit
Der Frühling warf die Blütenblätter ab,
ich bin an stillen Ufern angelandet
und schaue auf die alte Seligkeit,
die wieder fortnahm, was sie mir einst gab.
Und doch ist meine Liebe nie versandet.

Die Liebe

30.9.2018

Zu lieben und geliebt zu werden!
Gott schickt mir seinen Engel nieder!
Verfliegt, ihr kindischen Beschwerden,
die Liebe singt mir ihre Lieder!

Das Auge nass vor Seligkeit,
benetzt die ausgedörrte Seele,
die Liebe macht den Himmel weit,
wenn ich mich mit dem Glück vermähle!

Ihr Atem zaubert Blütenreigen,
ihr Lächeln spült die Sorge fort,
ich bin es wert, ich bin geliebt!

Voll Andacht will ich mich verneigen.
Die Welt entsteht aus diesem Wort:
Die Liebe, die's nur einmal gibt!

Die Liebe ist ein Fluss

19.3.2017

Die Liebe ist ein Fluss von irgendwo.
Sie schaukelt durch liebliche Ebenen,
und schüttelt in Stromschnellen sich,
sie wirbelt um spitze Klippen
um dich dann unversehens
auszuspucken in ein ödes Land. –
Kein falscher Kompass, kein verpasster Kurs,
der fruchtlose Kampf gegen üble Mächte, nur so!
Und die Ufer sind unfruchtbar dort
unter den Astgerippen.

Die Liebe ist ein Fluss, der weiterzieht
und die Seelen mit sich zieht,
während die Leiber am Rande
das Kiesbett beschweren.
Auf seinen Wässern draußen
treiben beschwingte Boote vorüber,
jedes den eigenen Untiefen zu.

Die Liebe ist ein Fluss,
murmelt Versprechen vom großen Meer.
kennt weder Ruhe, noch gönnt sie Halt;
erquickt die Felder an ihren Gestaden
oder ersäuft sie in schlammiger Flut.

… ein Fluss,
nicht in Quellsteine fassbar,
mit Dämmen nicht zu bändigen,
belebt und verzückt
vor der Hand den Verstand.
Im Nebel des steigenden Morgens
berauscht seine Melodie.
Es funkelt eine Weile auf gekräuselten Wellen
ein Feuerwerk von tausend Sonnen,
um dich danach ohne Warnung
in seinen Abgrund zu tauchen.

Wurzel des Lebens

10.1.2015

Kain erschlug Abel
und Abel den Kain
und keiner blieb ohne Schuld.
Im Streben seit Babel
die Größten zu sein,
erschöpfen sie Gottes Geduld.

Geboren in Not,
gewachsen in Leid,
und die Angst wacht auf vor dem Morgen,
im Kampf um das Brot
nicht umkehr-bereit.-
dem Bettler wird keiner borgen.

Und weiter im Kreis –
für Generationen,
die Sünde tradierte ihr Gift;
Ein jeder weiß:
Es gibt kein Verschonen,
glaubt nur, dass es ihn nicht betrifft.

Wagt endlich Liebe
lebt Harmonie,
dies sind Wurzeln des Lebens!
Wenn euch im Ende nichts anderes bliebe
als Empathie,
dann lebtet ihr nicht vergebens!

Dort wo die Sterne zu Hause sind

23.4.2020

Dort wo die Sterne zu Hause sind,
werde ich warten für immer auf dich.
Dort tröstet der Wind ein weinendes Kind.
Im Fliegen erinnern die Wolken sich.

Die Blüten erfroren zum Grau des Granit,
die Quader stapelten turmhoch sich auf,
der Winter brachte Erstarrung mit,
das Wasser vergaß seinen quirligen Lauf.

Doch innen umschließt der Granit den Glimmer,
selbst Nacht birgt noch den Funken vom Tag,
das Leben wird niemals wirklich verglühen.

Was du mir warst, vergeht mir nimmer,
dein Bild überlebt, was auch kommen mag,
bis meine Tage der Erde entfliehen.

Dreimal

26.5.2021

Dreimal wurde mir Liebe gegeben,
ich trage sie alle noch immer in mir,
dreimal genug für ein ganzes Leben.
Und ist vergangen. Was will ich noch hier?

Ich sollte in anderen Gärten wandeln,
wo das Vergangene weiterlebt,
Was nützt hier mein bemühtes Handeln,
wenn doch das Herz woanders hinstrebt?

Eine Verwundung bleibt eine Verwundung,
welche nur oberflächlich heilt,
und bricht aus dem Herzen heraus ein Stück.

Dreimal erhoffte ich mir Gesundung,
habe mein Leben mit ihnen geteilt.
und dreimal erhielt ich nichts zurück!

Ein fernes Echo

25.4.2018

Ich hielt sie einst, die Liebe, im Arm
und konnte sie niemals ganz umfassen,
ihre Haut war kühl und ihr Atem warm,
ich wollte niemals mehr von ihr lassen.

Wir teilten das Lager und teilten den Wein,
die Stunden und Tage vergaßen zu enden,
sie sollte mein Alpha und Omega sein,
ich hielt den Himmel in meinen Händen.

Doch Stunden und Tage besannen sich wieder,
und ihren Blicken entströmte Kühle,
ein Abglanz nur von dem Zauber blieb.

Dann schlug auch dieser die Augen nieder.
Verraucht, verflogen der Rausch, die Gefühle.
Ich weiß nur noch, ich hatte sie lieb.

Erinnerung an eine Liebe

19.1.2017

Durch das ferne Tor einmal noch
eintauchen in deine Gegenwart,
und bereit in der Sekunde
am Übermaße zu vergehen!
Magnolienknospen würden bersten
und säumten blütenschwer den Himmel,
der Tau deines Dufts beregnete die Erde.
Ein einziges Mal noch dich berühren,
und warme Wogen fluteten
bis in das letzte Molekül des Herzens,
während die Zeit darüber
ihre Vergänglichkeit vergäße.
Mit einem Schritt in die Gärten
hinter deine Augen treten
und in der Hängematte aus Erinnerung schaukeln,
aufgespannt zwischen den Säulen
nie getrübten Vertrauens.
Der Biegung deines Nackens nachspüren
und im Klang deiner Stimme baden,
bis die Hände riesig würden
um all die Fülle festhalten zu können!
Einmal noch!
Dann gäbe ich für immer Ruh'.

Seemannsliebe

28.06.2019

Sind die Schiffchen wieder einmal lose
und sie möchten gern vor Anker gehen,
summen heimlich Hummeln in der Hose
und die Zeiger stehen auf der Zehn.

Laufen sie dann ein in einen Hafen,
Laternen leuchten aus den Kneipen rot,
halten die Matrosen nichts vom Schlafen.
Heute gut gelebt und morgen tot!

Und sie steigen in die Lustbarkassen,
folgen willig den Sirenentönen,
wieder fängt der alte Reigen an.

Aber keine Nähe! Rasch zu Kasse!
Keinesfalls daran sich zu gewöhnen!
– Morgen holt sie der Klabautermann.

Flüchtige Vereinigung

6.3.2015

Sich getroffen. – Wo und warum?
Weiß nicht, war eben so.
Der Abend fröstelnd,
ohne Anspruch, unfroh,
die Zeit hing fett im Raum herum.
Dem Laufschritt war der Boden entzogen;
hatte gar nichts zu tun erwogen,
doch da war so ein Gespür
von Belohnung, aber wofür?

Jemand nebenan,
keine Wilde, Verruchte,
eine unter anderen Jemanden;
die sich hier fanden.
Sah es im Blick, sie blickte zurück,
wusste, dass sie auch Wärme suchte.
Ein Glas zusammen;
ein weiteres noch,
bis die Lichter verschwammen,
Konversation war nicht angesagt.
›Habe ein Zimmer‹, klang gar nicht gewagt.
›Warum denn auf den Stühlen hocken‹?
Zur Antwort: ein Nicken und Blick-Andocken.

➤

Die Betten quietschten ausnahmsweise nicht,
die Nähe tröstete und ihr Gesicht,
ihre Haut roch leicht nach Aprikose.

Als sich der Morgen breit machte
und ich an Dankbarkeit dachte,
– das war nicht immer nach so einer Chose,
doch wofür? Weil ich Nähe genossen habe
und sie die meine als Kontergabe? –
schlüpfte ich nur rasch in meine Hose.
Und alles vergessen schon nach ein paar Stunden.
– Hatte es überhaupt stattgefunden?

Gefährtinnen

23.4.2020

Wo seid ihr jetzt alle, die ihr vor Jahren
auf meiner Wanderung durch die Zeit
mir teuer, geliebt oder wichtig waren,
aus welchem Grund wurden wir entzweit?

Du, Erste, als sollte es keine mehr geben,
du schlugst eine erste Schneise ins Feld.
Du, Mutter des Kindes, wir teilten ein Leben,
war es darum auch ärmlich bestellt.

Und wie könnte ich dich jemals vergessen,
du Goldkäferchen, du, meine wilde Braut!
Ich habe mit dir das Glück besessen!
Es war auf wankendem Boden gebaut.

Susannchen, mein kleiner Unglückswurm,
warum wolltest du den Arm nicht ergreifen,
den ich dir bot in deinem Sturm
zum Schutz deiner Träume und für dein Reifen?

Du bist der Schwester gefolgt ins Nichts,
hast das Klassenziel hier nicht erreicht.
Ich sehe die Suche deines Gesichts
und fühle die Trauer, die mich beschleicht.

Und jene andere, die mich begleitete.
Anfangs sah ich es nicht so klar,
den Aufruhr, den sie mir ständig bereitete,
bis ich dann endlich gegangen war.

Schließlich, als hätte ich nochmals begonnen,
als wären die Felder neu eingesät,
leuchteten mir noch einmal die Sonnen,
mein Garten Eden war frisch gemäht,

und dort am Rande erblühten mir Rosen,
umzäunten mein Feld mit purer Lust.
Aber es keimten die Herbstzeitlosen,
Du gossest Frost in meine Brust.

Jetzt sind die Tage schon früher zu Ende.
Jemand hält mir noch einmal das Licht,
für die ich den Rest meiner Liebe verwende.
– Mehr davon ließen die andern mir nicht.

Im Angebot

7.4.2019

Liebe,
wieder mal im Angebot
unter gesucht – gefunden,
hört das nie auf?
Du alter Gehrock
voll Kaffeeflecken
oder von der Suppenspeisung
riechst nach Kleiderkammer
und Obdach für Heimatlose.
Stecke schon zu lange drin,
und hab' trotzdem nicht gelernt
taub zu werden für Odysseus' Sirenen.
Oder anspruchslos, allerwelts-tauglich.
Also die Narrenkappe her und Helau!

Ein jeder kann's sehen,
und sieht es anders.
Wasser schöpfen mit einem Sieb,
Blechtrommeln trommeln,
oder besser gleich wegwerfen?
Sortiert natürlich, der Mülltrennung wegen.
Sollte auch für Gefühle gelten!
Mann, was habe ich in meiner Zeit
nicht alles angesammelt an Schrott!
Ein »Wertstoff« ab und zu, vielleicht,
bloß – wer will ihn haben?
Wolfsgeheule im Ohr
und Hunger im Bauch, wieder mal,
– beziehungsweise immer noch.
Und sonderbar: auf Gebratenes jetzt
– mit Liebe versteht sich, – Junk food!
anstatt auf Grünzeug,
Aber ist das ein Wunder unter Kannibalen?
Zärtlichkeit kann man nämlich nicht essen.

Leuchtzeichen

2.9.2019

Ich weiß noch, sie schmeckte nach
klarem Wasser aus einem Bach,
wenn der Sommer heiß und sehr durstig war,
und ihre Hände, sonderbar,
dufteten Früchte und Freundlichkeit.
Ihr Atem glitt auf und ab derzeit
hinter den Rippen, inwendig,
warm und lebendig
und ich fühlte den meinen
sich mit dem ihren vereinen,
ihr Haar floss wellig um mein Gesicht.
Die Farbe der Augen, – ich weiß sie nicht,
weiß nur mehr, dass kein Bedenken verfing
und ich darin mit Mann und Maus
eintauchte und gänzlich unterging.
– kein Entrinnen daraus,
Sie schmiegte sich an,
fest und unfassbar leicht zugleich,
dass ich kaum mehr Atmen gewann:
mein geschenktes Himmelreich!

– Wie lange? – Vergessen, perdu,
auf und davongetanzt im weißen Tütü.
Meine Zeit war weitergewandert wider Willen,
ich hatte anderen Hunger zu stillen.
Nur ihr Licht ging nicht weg
und funkelte lange noch oben
in graue Wolken eingewoben
als leuchtender Fleck
und hält meine Sinne bis heute gefangen!
Dabei sind Jahre ins Land gegangen.

Tontafeln

30.3.2020

Wenn es stimmt, dass alle Wunden heilen
nur durch die Zeit,
dann muss die meine noch länger verweilen,
es ist nicht so weit.
Wenn ein Mensch seine Spuren hinterlässt
von klein auf schon,
dann brennt die Sonne den Abdruck fest
im weichen Ton.

Und wenn es die erste Begegnung war
mit der Liebe,
behält sie die Form noch Jahr um Jahr
und schriebe
die Ausrichtung innen nach Ost oder West
und alles dazwischen
für immer im Kompass der Seele fest,
nichts kann sie verwischen.

Die Spuren der Füße, im Sand oder Wind,
die Wanderer alle,
welche darüber gelaufen sind:
– markiert vom Verfalle!
Der Lehm nur verliert die Erinnerung nicht,
wie lang' es auch sei.
Bis die Zeit am Ende die Tafeln zerbricht.
Erst dann ist's vorbei.

Traum

2.2.2018, 6 h 30

Ich habe die Liebe geträumt
so selbstverständlich und wahr!
Sie kam an die Seite geflogen,
es glänzte ihr rötliches Haar.

Wir sprachen und liefen zusammen,
sie fragte nicht, wer ich sei,
und überall schien uns die Sonne,
Gestern wie Morgen war einerlei!

Ich habe die Liebe geträumt!
Die Welt war so hell und so groß,
so neu, wie die Blumen sprossen,
mein Herz war nackt und bloß.

Zu zweit unter vielen alleine,
vereint und wir atmeten kaum.
– Nun bin ich am Morgen erwacht,
und kann ihn nicht lassen, den Traum!

Und sie nannten es Liebe

3.6.2012

Einst vor Äonen:
ein seltsamer Planet,
verloren wie alle,
denen Schönheit Schicksal wurde;
doch sein Abglanz
schimmert noch immer
verlockend, verwirrend
bis ins Jetzt und darüber hinaus.

Darauf ein verlorenes Volk
von Dichtern und Despoten,
Verblendeten und Sehern,
grausam in ihren Gefühlen
und gefühlvoll noch im Stürzen.

Einzelne brachten das All zum Erschauern
in gigantischer Ruchlosigkeit,
und andere ließen
die gläsernen Paläste der Himmel
klingen und schwingen
im Reigen verzauberter Töne
und beseligender Harmonien.

Doch eines verband sie alle,
eine Kraft, eine Bewegung –
ob auf der Sonnenseite im Licht
oder selbst im Negativbild
der schwärzesten Nacht –
ein unbegreifliches Wesen,
ein Gott der Sehnsucht,
der war in ihnen allen.
Und sie nannten es: Liebe.

Was übrig bleibt

14.1.2017

Ist es der Nebel eines Gedankens,
verebbend zwischen Alpha Centauri und Sirius,
oder ein Körnchen Sand am Strand des Nicht-Wissens,
kondensiert aus Tränen und Träumen?

Weht nächtens vielleicht noch
der Geruch einer vergangenen Existenz
die Verbliebene an oder lassen Ton-Girlanden
einer Melodie von irgendwo die Stille aufhorchen,
bis ihre Töne verklingen im Atem des Alls
und echolos sterben.

Drinnen in den Kammern fremder Herzen
überlebt gegebenenfalls ein Etwas –
die Hand des Zufalls hat es leichthin
an die Synapsen des Gehirns geheftet
und es überdauert gerade so lange,
wie die Neuronen der Nachlebenden feuern.

Eventuell hat auch ein machtvoller Wille
auf dem Planeten der Vergangenheit
Riefen ins Kalkgestein gekratzt,
eine Keilschrift, die eine Weile höchstens
der Weltraumkälte trotzt.

Und darum gibt es hier nichts, dass es sich lohnte,
auch nur eine Zehntelsekunde zu vertun
und eine einzige Liebe ungeliebt zu lassen!
Denn darin pocht die Ewigkeit!

Wenn ich ein Vogel wäre

27.11.2021

Wenn ich ein Vogel wäre
und könnte nicht fliegen,
wie würde ich dennoch
die flüchtige Luft besiegen?

Wenn ich keine Hände hätte
deine Last mit zu tragen,
soll ich die Schultern
nicht um Hilfe fragen?

Wenn ich Liebe fühle
und könnte sie nicht verschenken,
was sonst denn sollte
meine Schritte lenken?

Wo bist du hin?

29.2.2016

Wo bist du hin,
du mit den Sternenaugen?
Die Almenwiesen blühten
damals im jungen Mai;
ich wollte das Blaue
vom Himmel saugen,
Traumschlösser errichten
in den Falten des Einerlei.

Die Tiefen erfühlen,
woraus die Mirakel erblühen,
für dich Gedankengipfel
ersinnen, erbauen,
des Morgens wie Abends
sollten sie glühen
um die Wunder des Lebens
mit dir zu schauen.

Wo bist du hin –
die Almen gemäht,
verdorrt das Versprechen:
der Tag kommt zu spät.
Von den Dächern bloß
pfeifen die Spatzen es schon:
Die Gier hat einen
unfruchtbaren Schoß,
wer die Liebe beleidigt,
verwirkt seinen Lohn.